Matthias Heine

Mit Affenzahn über die Eselsbrücke

Die Tiere in unserer Sprache

Atlantik

Atlantik Bücher erscheinen im
Hoffmann und Campe Verlag, Hamburg.

2. Auflage 2020

www.hoffmann-und-campe.de *www.atlantik-verlag.de*
Umschlaggestaltung: Sarah M. Hensmann © Hoffmann und Campe
Umschlagabbildung: Elen Koss / shutterstock
Satz: Pinkuin Satz und Datentechnik, Berlin
Gesetzt aus der Minion Pro
Druck und Bindung: CPI books GmbH, Leck
Printed in Germany
ISBN 978-3-455-00126-6

HOFFMANN UND CAMPE

Ein Unternehmen der
GANSKE VERLAGSGRUPPE

x Angsthase } dito
Hasenfuß
Hasenscharte
„Hasenpanier ergreifen" = wegrennen

Inhalt

Vorwort

Das Verhältnis zwischen Mensch und Tier war über viele Jahrtausende eine Sache von Leben und Tod. Am Anfang hieß es: Beute machen oder Beute sein. Die ersten Künstler in den Höhlen von Altamira oder Lascaux wählten Tiere als Motive. Das heißt: Sie hatten eigentlich gar keine Wahl, sondern ihre Kunst entstand überhaupt erst aus dem Versuch, animalische Widersacher und Jagdtiere mit Bildern zu bannen.

Später, als viele Tiere domestiziert waren, oder sich – wie Ratten, Wanzen und Katzen – auf unterschiedliche Weisen als Kulturfolger in menschliche Häuser eingenistet hatten, lebten Menschen auf engstem Raum mit ihrem Vieh, ihren Haustieren und ihren Plagegeistern zusammen. Die Trennung von Ställen und Zimmern, dann gar von Ställen und Menschenhäusern ist eine relativ junge Errungenschaft der menschlichen Zivilisation. Wenn wir manchmal von Katzenmuttis und anderen Verwirrten lesen, die in ihren Wohnungen eine maßlose Menge von Tieren halten, dann berührt uns das unangenehm, weil solche von Gestank, Dreck und Parasiten geprägten Verhältnisse früher Alltag zumindest der Bauern und einfachen Leute waren. Einst kannte der Mensch die Tiere gut. Er spiegelte sich in ihnen. Und er verglich. Das hat unsere Sprache um zahlreiche Redensarten und Ausdrücke bereichert, die wir heute oft gar nicht mehr verstehen. Einige dieser verdunkelten tierischen Elemente des Deutschen werden in diesem Buch wieder erhellt.

Das 19. Jahrhundert mit seiner Urbanisierung und das 20. Jahrhundert mit dem Aufkommen der industrialisierten Landwirtschaft haben zu einer großen Entfremdung und Distanzierung zwischen Mensch und Tier geführt. Recht spät, als schon längst nicht mehr selbstverständlich jeder Deutsche Schweine, Kühe oder Hühner aus eigener Anschauung kannte, verschwanden auch die Pferde zumindest aus den Städten. Dafür kamen Tiere in die Wohnungen, die es dort vorher nicht gegeben hatte, jedenfalls nicht in Deutschland: Hamster, Wellensittiche, Reptilien. Und bei einigen Arten änderte sich das Verhältnis zum Menschen fundamental: Mäuse oder Hasen wurden jetzt weniger als Schädlinge oder jagdbares Wild wahrgenommen, sondern eher als lebendes Spielzeug für den Käfig im Kinderzimmer.

Als ich anfing, zu schreiben, dachte ich, aufgrund jener Distanz wären in der neueren Zeit weniger Redensarten und Wörter mit Bezug zur Tierwelt entstanden, als in den Jahrhunderten, die noch stärker von Bauern und Jägern geprägt waren. Diese Theorie hat sich nicht bestätigt. Auch im 20. Jahrhundert dehnte sich das Tierreich der Sprache aus – der *Ponyhof*, der das Leben nicht ist, die *Wanze*, mit der man abhört, der angeblich so stinkende *Pumakäfig* und der *Bug* im Computer sind nur drei Beispiele. Mögen die Tiere uns auch nicht mehr so nahe sein – sie flattern, schleichen, galoppieren und robben noch durch unsere Phantasie. Nur ist es noch ein bisschen egaler als früher, wie die Tiere wirklich sind. Dies ist weniger ein Buch über Tiere als ein Buch über Menschen, die Tiere nutzen, um sich selbst zu deuten. Wir haben uns einen riesigen Sprachzoo geschaffen. Wenn wir darin schauend umherwandeln, lernen wir zwar auch ein bisschen über die Natur, aber vor allem über unsere Zivilisation. Dieses Buch soll ein kleiner Wegweiser für den Spaziergang durch unseren Zoo sein.

Aal

Der Aal ist ein Fettfisch; bis zu 30 Prozent seiner Körpermasse können aus Fett bestehen. Der hohe Fettanteil muss den Aalen das Überleben auf der langen gefahrvollen Reise aus den Binnengewässern über die Flüsse zu ihren Laichgründen in der Sargassosee im Westatlantik sichern, denn wenn sie sich im Herbst auf den Weg machen, hören sie auf zu fressen, die Verdauungsorgane und der After verschwinden und an ihrer Stelle füllen Geschlechtsorgane die ganze Leibeshöhle aus.

Gerade der hohe Fettanteil machte den Aal in früheren Zeiten, als Kalorien noch keine Belastung, sondern kostbarer, den Hunger stillender Brennstoff waren, zum wichtigen Speisefisch. Die Stadt Lübeck ernannte deshalb im 15. Jahrhundert einen Aalherrn. Das war ein Mitglied des Rates, das den städtischen Aalfang am Hüxterdamm beaufsichtigte.

Wie man sich den Aalfang vorzustellen hat, glaubt jeder zu wissen, der Günter Grass' Roman »Die Blechtrommel« gelesen oder den Film von Volker Schlöndorff gesehen hat: Dort werden die Aale mit Pferdeköpfen geangelt, die man nachts in der Weichsel auslegt und in die die Tiere sich verbeißen. In Wirklichkeit meiden Aale Aas; mit ihrem sehr feinen Geruchssinn lassen sie sich nur durch frisch getötete Köder anlocken. Grass hatte möglicherweise in seiner Danziger Jugend einmal beobachtet, wie die Aalfänger fleischlose Pferdeschädel ins Wasser hängten und sie voller Fische herauszogen. Diese Methode beruhte aber darauf, dass Aale Höhlen aller Art gerne als Versteck nutzen – ein Pferdeschädel war eine Einladung, es sich darin gemütlich zu machen, und man benutzte ihn früher anstelle von Aalreusen, wenn man die Fische nicht mit Aalharken, also rechenförmigen Geräten, die durch den Schlick gezogen wurden und auf deren Zinken die im Schlamm verborgenen Aale aufgespießt wurden, regelrecht erntete.

Der Aal ist nicht glitschiger als andere Fische, aber der Anblick der sich schlängelnden glänzenden Tiere erweckt den Eindruck besonderer Glätte. Schon bei den Römern war der Aal Inbegriff des listigen Menschen, der sich aus Schwierigkeiten herauswindet. In Plautus' Komödie »Pseudolus«, die 191 v. Chr. uraufgeführt wurde, heißt es: »Anguilla est: elabitur« (Er ist ein Aal, er entwischt). Und im fünften Akt von Goethes »Faust II« brüsten sich die Pulcinelle, die weißen Clowns, ihrer Fähigkeit, »durch Drang und Menge aalgleich zu schlüpfen«. Wer sich *windet wie ein Aal* will sich aus einer peinlichen Lage herausschlängeln; so steht es schon bei Walther von der Vogelweide: »Der sich dem man wint ûz der hant reht als ein âl.«

Das Wort *aalglatt* existiert seit Mitte des 19. Jahrhunderts, und von Anfang an ist es mit einem moralischen Verdammungsurteil belegt gewesen, oft auch mit einem rassistischen oder nationalistischen Unterton – das Aalglatte ist das schlechthin Undeutsche. In seinem autobiographischen Roman »Der Amerika-Müde« nennt Ferdinand Kürnberger Philadelphia 1855 »ein aalglattes Quäkernest«, Albert Berg beschreibt 1873 in seinem Bericht über »Die Preussische Expediton nach Ost-Asien« Chinesen mehrfach als Menschen von »aalglatter Liebenswürdigkeit«, Ernst Haeckel gesteht 1899 dem Papst Leo XIII. widerstrebend zu: »Die neu gestärkte Macht des Vatikans nahm seitdem wieder mächtig zu, (…) durch die gewissenlosen Ränke und Schlangen-Windungen seiner aalglatten Jesuiten-Politik.« So geht es im 20. Jahrhundert in ungezählten Stellen in Literatur und Presse weiter – es ist ein Lieblingswort Kurt Tucholskys zur Beschreibung kaltschnäuziger Reaktionäre, aber auch im »Völkischen Beobachter« nutzt man es gerne, beispielsweise 1940 zur Stigmatisierung eines »aalglatten Patrons, der in sämtlichen Sprachen kauderwelschte«. Heute sind in einer Publikation wie der »Zeit« mal Wall-Street-Anwälte, mal Zocker, mal Karrieristen, mal Geschäftemacher aalglatt. Man sieht an dieser Liste, dass das Wort vor allem als Bauteil in die Phrasendreschmaschinen antikapitalistischer Rhetorik eingespeist wird – gerne mit leicht antisemitischem Zungenschlag.

Freundlicher ist das Verb *aalen*, das früher schlicht bedeutete: »Aale fangen« oder »eine verschlammte Röhre reinigen, indem man einen Aal an einem Strick durchzieht oder ihn lebendig durchschlüpfen lässt«. Seit der zweiten Hälfte des 19. Jahrhunderts wird es im Sinne von »sich vor Wohlbefinden räkeln« gebraucht. Heute liest man es vor allem in der Redensart *sich in der Sonne aalen*, die, wie wir gesehen haben, streng zoologisch betrachtet paradox ist – der Aal aalt sich lieber in der Dunkelheit eines Pferdeschädels.

Affe

Woher kannten die Germanen Affen? In den südostniedersächsischen Gebieten, in denen mittlerweile die Urheimat der Germanen vermutet wird, gab es diese Tiere ja nicht. Trotzdem ist das Wort in vielen germanischen Sprachen vertreten, etwa im Altsächsischen als *apo* und im Altnordischen als *api*, im Englischen existiert es bis heute als *ape*, womit ein großer Menschenaffe gemeint ist, im Original war Tarzan »Lord of the apes«.

Bekanntlich sind die Germanen in den Jahrhunderten nach Christi Geburt ziemlich viel herumgekommen – als Söldner im römischen Heer oder als Eroberer, die sich römisches Reichsgebiet aneigneten. Die Goten verschlug es bis nach Spanien, die Vandalen bis nach Nordafrika. Von dort irgendwo könnten Germanen die Tiere und das Wort dafür in den Norden gebracht haben. Eine andere Theorie geht davon aus, dass reisende Kaufleute die Germanen mit dem Tier bekannt gemacht haben. Eine der vielen Spekulationen über den dunklen Ursprung von *Affe* ist, dass es aus einem semitischen Wort entstanden ist, dass auch im Altindischen als *kapi* existierte. Bei der Entlehnung aus dem Arabischen sei dann das K verloren gegangen. Andere vermuten, das Wort stamme aus dem Keltischen, wo es »Wasserzwerg« oder »Wassermonster« bedeutet habe. Der Bezug zum Wasser sei dann im Germanischen verschwunden.

Die Eigenschaften des Affen haben schon früh Übertragungen auf den Menschen provoziert, auch wenn *affig* im Sinne von »albern, geziert« erst im 19. Jahrhundert in der Berlinischen Mundart auftaucht. Schon im Mittelhochdeutschen ist *Affe* gleichbedeutend mit *Narr* in Zusammensetzungen wie *affentanz*, *affenwort*, *affenzeit*. Es gibt auch bereits das Wort *äffen* in den Bedeutungen »zum Narren werden« oder »zum Narren machen«. In letzterem Sinne hat es Heinrich Heine gebraucht, als er in seinem wütenden berühmten politischen Gedicht die schlesischen Weber singen ließ: »Ein Fluch dem Gotte, zu dem wir gebeten / In Winterskälte und Hungersnöten; / Wir haben vergebens gehofft und geharrt, / Er hat uns geäfft und gefoppt und genarrt.«

In unserer Zeit ist davon nur noch *nachäffen* im Sinne von »nachmachen« übrig geblieben, das möglicherweise – wie so vieles – von Luther erfunden wurde. Jedenfalls taucht es in der substantivierten Form »das teuffelische nachaffen« bei ihm in den Tischreden auf. Es ist eventuell eine volksetymologische Umdeutung für das ältere *nachäfern* – »wiederholen«, das mit Affen gar nichts zu tun hatte, sondern mit der alten Bedeutung »wieder« von *aber / afer* zusammenhängt.

Für jemanden, der aus eigener Schuld zum Narren wird, sagen wir heute eher *Er macht sich zum Affen*. Wolf Biermann verbindet das wieder mit *äffen*: »Der aufrechte Gang wird selber / Zur Pose und zum Geschäft. / Der Mensch macht sich zum Affen / Der sich noch selber äfft!«

Einen *Affen* nennt man seit dem 18. Jahrhundert einen Alkoholrausch, vermutlich weil sich Betrunkene nicht selten wie Affen gebärden. Ähnliche Entwicklungen gibt es auch im Italienischen und Spanischen. Als Bezeichnung für einen Tornister in der älteren Soldatensprache leitet sich *Affe* vom Fellbezug her und davon, dass man diesen Gegenstand wie einen Affen auf der Schulter trug.

Die Kunst besteht darin, auch mit einem Affen auf dem Rücken noch *eine affenartige Geschwindigkeit* zu entwickeln. Das gelang den Preußen im Preußisch-Österreichischen Krieg 1866 recht gut. In der Wiener »Presse« kommentierte August Krawani am 18. Juni 1866 Nachrichten vom raschen Vormarsch des Feindes im Norden: »Die Preußen entwickeln überhaupt eine affenartige Beweglichkeit.« Zwei Wochen später waren die Österreicher in der Schlacht bei Königgrätz besiegt. Die Preußen griffen den Wiener Spott gerne auf und machten sich etwa im »Kladderadatsch« lustig, sie verfügten nicht nur über »affenartige Beweglichkeit«, sondern auch über »froschartige Kaltblütigkeit«, »hasenartige Schnelligkeit« usw. In der Umgangssprache ist daraus dann die *affenartige Geschwindigkeit* geworden.

Mit Affen kannten sich die Österreicher tatsächlich besser aus als die Preußen. Sie hatten ihre Anschauungen aus den *Affentheatern* gewonnen, von denen es in der k. u. k. Monarchie offenbar einige gab. Darin führten dressierte Affen Kunststückchen vor. 1819 berichtet ein Korrespondent der

»Wiener Theaterzeitung« von solch einem Spektakel auf dem Pester Johann-Enthauptungsmarkt. 1829 wird im gleichen Blatt ein *Affentheater* als »neu« in Wien erwähnt. Später haben sich derartige Volksbelustigungen auch im Norden Deutschlands verbreitet, aber erst in den zwanziger Jahren des 20. Jahrhunderts wird das Wort im übertragenen Sinne gebraucht. Thomas Mann benutzt es 1924, um im Roman »Der Zauberberg« die lächerlichen und undurchsichtigen Duellaffären polnischer Patienten zu bezeichnen, und Kurt Tucholsky schreibt ein Jahr später in einer Laudatio zum 50. Geburtstag des Kritikers Alfred Polgar: »Sie haben aber nicht nur immer Bühnenkunst durchleuchtet, sondern auch einmal jenes große Affentheater von 1914 bis 1918.«

Eine übertriebene Liebe bezeichnet man seit um 1600 als *Affenliebe*, so spricht etwa der lutherische Prediger Johann Schreiter 1617 von der *Affenliebe* des Papsttums zu seinen Irrlehren. Häufiger taucht das Wort schon damals in Erziehungsratgebern auf, wo die Eltern davor gewarnt werden, eine für alle Fehler blind machende *Affenliebe* für ihre Kinder zu hegen. Goethe schreibt in einem Brief von 1819, er habe »einen mehr als jährigen Enkel, den ich mit großväterlicher Affenliebe, die größer als der Eltern seyn soll, für das allerliebste Geschöpf von der Welt halte«.

In vielen Verbindungen ist *Affe* ein bloßes, ziemlich sinnentleertes Steigerungspräfix. So wurde aus *Zahn*, das seit den zwanziger Jahren »Geschwindigkeit« bedeuten konnte, weil in frühen Autos und Flugzeugen die Geschwindigkeit mit einem Zahnrad geregelt wurde, im Laufe der Fünfziger der

Affenzahn im Sinne von »hohe Geschwindigkeit«. Das DDR-Satireblatt »Eulenspiegel« schrieb 1958: »Leider ist bei den Lastkraftwagen des Großhandelskontors Haushaltchemie, Dresden, Lager Pirna, der Affenzahn im Fortbewegungstempo nicht für die Dauer zu erhoffen, weil der Zahn der Zeit an diesen Wagen nagt.«

Affenschande nennen wir seit dem 19. Jahrhundert etwas, für das sich selbst die notorisch schamlosen Affen schämen würden. Das Wort lässt sich erstmals nachweisen in einer am 14. September 1835 erschienenen Rezension des religionsskeptischen Romans »Wally, die Zweiflerin« von Karl Gutzkow. Über dessen Gesinnung flucht der Kritiker Wolfgang Menzel im »Literaturblatt« des »Morgenblattes für die gebildeten Stände«: »Herr Gutzkow hat es über sich genommen, diese französische Affenschande, die im Arme von Metzen Gott lästert, auf's Neue nach Deutschland überzupflanzen, in einem Zeitalter, das Gott sey Dank gereifter und männlicher ist, als das Jahrhundert Voltaires.«

Bär

Der Bär ist das einzige Raubtier, das zumindest gelegentlich auf zwei Beinen steht. Das hat schon die Jäger in der frühesten Steinzeitepoche, dem Paläolithikum, auf die Idee gebracht, der Bär könne ein dem Menschen verwandter Dämon sein oder ein gottartiges Wesen, dem gegenüber es nicht nur praktische Vorsicht – um nicht gefressen zu werden – an den Tag zu legen gelte, sondern auch spirituelle Achtsamkeit. Überall in Eurasien lassen sich Spuren eines uralten religiösen Bärenkults nachweisen. Bei den westsibirischen obugrischen Völkern, den Chanten und Mansen, wird der Bär bis heute als Totemtier verehrt. Diese Indigenen leiten ihre Herkunft von einem Bären ab, einem Sohn des Himmelsgottes, der auf die Erde kam und sich dort eine Frau nahm.

Bei den Obugriern unterliegt alles, was mit dem Bären zu tun hat, einem sprachlichen Tabu. Das göttliche Tier wird »der Alte aus dem Wald« oder »alter Liebling« genannt, auch seine Körperteile und Gewohnheiten benennt man lieber indirekt, das Vokabular der Tabuwörter umfasst 360 Ausdrücke. Harald Haarmann schreibt in seinem Buch »Auf den Spuren der Indoeuropäer«: »In den frühen indoeuropäischen Regionalkulturen waren ebenfalls Tabuwörter für den Bären verbreitet: altindisch *madhv-ád* ›Honigesser‹ (ebenso altkirchenslawisch *medvedi*), litauisch *lokys* ›Eisbrecher‹, altnordisch *bjorn* ›der Braune‹.«

Solche Hüllwörter für den Bären gab es auch im Deutschen. Wer Johann Christoph Adelungs »Grammatisch-kritisches Wörterbuch« von 1774 aufschlägt, ahnt heute nicht mehr, dass der Familienname von dessen Verleger *Breitkopf* auf einen Ausdruck für den Bären zurückgeht, ebenso der Name *Breithaupt.*

Die Faszination für den Bären hat eine Menge Redensarten inspiriert, die entweder auf seine Stärke oder vermeintliche Plumpheit anspielen. Auch der Anblick der elenden Tanzbären, die von zwielichtigen Gesellen herumgeschleift wurden, schlug sich in der Sprache nieder. Die meisten dieser Wendungen sind aus der Mode gekommen, seitdem schon Ende des 17. Jahrhunderts im Harz und 1835 in Bayern die letzten deutschen Braunbären erschossen worden sind: *ein ungeleckter Bär* für »ein ungehobelter Geselle«, *den Bären machen* für »zu niedrigen Diensten missbraucht werden«, *dem Bären ins Ohr blasen* für »unter Lebensgefahr die Wahrheit aussprechen«, *es ist ihm noch kein Bär in den Weg gekommen* für »er weiß nichts von Anfechtung«.

Noch in Gebrauch ist *bärbeißig* mit der Bedeutung »brummig, unfreundlich«. 1693 in Christian Weises Rhetorik-Lehrbuch »Der freimütige und höfliche Redner« taucht es erstmals auf, mit der von heute leicht abweichenden Bedeutung »bissig, frech«. Dort steht der Ratschlag für den Konfliktfall:

»Wir müssen zuvor sehen / wer es gethan hat / gegen einen grossen Herrn dürffen wir uns doch nicht bär-beißig machen.« Häufiger wird das Wort erst in der zweiten Hälfte des 18. Jahrhunderts benutzt. Bei Adelung wird es 1774 mit »zänkisch, auffahrend« definiert.

Komplizierter ist der Ursprung der Redensart *jemandem einen Bären aufbinden.* Ursprünglich meinte *einen Bären anbinden* seit dem 17. Jahrhundert »Schulden machen«. Bei Johann Balthasar Schupp heißt es 1663 über einen Hallodri: »Du hast ansehnlich gereiset / durchs gantze Schlauraffenland / und in allen Weinkellern / Bubenwinckeln / wol gar Käuchen und Narrenhäuseln / deines Namens Gedächtnus hinterlassen; manchen Bären angebunden / manchen Affen gefangen / manche Sau gehetzet / Füchs geschossen / Hasen agirt.« Dem liegt das missverstandene mitteldeutsche und niederdeutsche Wort *Bere*, *Bäre* zugrunde, das »Abgabe« bedeutet und im Mittelhochdeutschen sogar in der Form *bern* vorkommt.

Möglicherweise hat *einen Bären anbinden* dann schon bald zusätzlich die Bedeutung »schwindeln« angenommen, weil man beim Schuldenmachen so viel lügen muss. So schreibt Grimmelshausen im »Simplicissimus« 1668 über Menschen, die so gutgläubig waren, »dass ich ihnen, wenn ich nur aufschneiden wollen, seltsame Bären hätte anbinden können«. Und Johann Beer lässt 1680 den Helden seines Roman »Jucundi Jucundissimi Wunderliche Lebens-Beschreibung« sich über die Tochter eines Wirts entsetzen, die dieser dem Helden als Ehefrau andrehen wollte: »Dann da wurden wir erst gewahr / daß uns der Wirth einen grausamen Bären angebunden hatte / dann ich kan nicht genugsam beschreiben / wie ein ungestaltes langseitiges Mensch die Jungfer ware; Sie schielte mit den Augen / und die Nase war ihr um zwey gute Finger zu kurz / und was noch das ärgste war / so gieng sie auf der Steltzen.«

Einen Bären aufbinden im heutigen Sinne ist offenbar jünger. Es lässt sich nicht vor dem späten 18. Jahrhundert nachweisen. Dann aber findet es sich bei Wieland und anderen.

Noch um 1800 kann laut Adelung *einen Bären anbinden* sowohl »Schulden machen« als auch »weismachen« bedeuten. Doch wurde *anbinden*, wenn vom Schwindeln die Rede war, immer häufiger durch *aufbinden* ersetzt, vermutlich, um den Doppelsinn zu vermeiden und klarzumachen, was eigentlich gemeint ist.

Eindeutiger ist die Überlieferungslage beim *Bärendienst*. Die Bedeutung »Handlung, die in guter Absicht erfolgt und trotzdem schlechte Folgen hat« geht wohl auf die Fabel »L'ours et l'amateur des jardins« (deutsch: »Der Bär und der Gartenfreund«) von Jean de La Fontaine aus dem späten 17. Jahrhundert zurück, die im 18. Jahrhundert ins Deutsche übersetzt wurde. Darin hat ein Greis, der einsam im Wald lebt, sich mit einem Bären angefreundet. Eines Tages will der Bär eine Fliege, die sich auf dem Gesicht des schlafenden alten Mannes niedergelassen hat, verjagen und wirft einen Pflasterstein nach ihr. Zwar trifft er genau, aber er zerschmettert dem Freund damit den Kopf. Moral: »Nichts bringt so viel Gefahr uns wie ein dummer Freund; weit besser ist ein kluger Feind.«

Der erzählerische Kern der Fabel ist viel älter, La Fontaine hat sie dem »Panchatantra« entnommen, einer indischen Sammlung moralischer Tiergeschichten aus dem 6. Jahrhundert nach Christus. Eine persische Fassung der Sammlung hatte der Orientalist Gilbert Gaulmin 1644 ins Französische übersetzt. Im Deutschen lässt sich das Wort *Bärendienst* allerdings erst 1875 nachweisen. Das spricht dafür, dass nicht irgendwelche mittelalterlichen Vorstellungen, sondern La Fontaines Fabel der Ursprung des Ausdrucks war, der auch in vielen nord- und osteuropäischen Sprachen vorkommt. Die Macher des Grimm'schen Wörterbuchs vermuten, *Bärendienst* sei eine Entlehnung aus dem Russischen nach *medweschna usluga*, denn dieses ist älter und geht auf eine sehr populäre Version der La-Fontaine'schen Fabel zurück, die Iwan Andrejewitsch Krylow gedichtet hat.

Ziemlich eindeutig ist die Lage auch bei *faul auf der Bärenhaut liegen* für »durch Nichtstun verderben«. Anfang des 15. Jahrhunderts wurde die »Germania« des römischen Historikers Tacitus entdeckt, die mittels eines einzigen Exemplars in der Abtei Hersfeld die Zeiten überdauert hatte. Um 1500 nutzten Humanisten wie Ulrich von Hutten das Buch zur Konstruktion eines Germanenmythos, der die Vorfahren der Deutschen als kriegerisch und frei verherrlichte. Das passte auch zur allgemeinen Rom-Skepsis der reformatorischen Epoche.

Im Kapitel 15 der »Germania« heißt es über den germanischen Krieger: »Liegt er nicht zu Feld, so gehören seine Tage dem Waidwerk, noch mehr aber dem geliebten Nichtstun, dem Schlafen, Essen und Trinken. In tatenloser Ruhe liegen diese tapfern kriegerischen Leute, die Sorge für Haus und Herd und Feld ist den Weibern und Alten und jedem Schwächling der Familie überlassen, die Männer sehen müßig zu.« 1509 lässt sich dann die Wendung *auf der Bärenhaut liegen* das erste Mal nachweisen. Das Bärenfell war als Ruhedecke und Zeltteppich im 15. und 16. Jahrhundert noch ein weitverbreitetes Reiseutensil. Mit ihm verband sich in der Phantasie der Zeitgenossen die Vorstellung von den faulenzenden Germanenkriegern, obwohl Tacitus ja gar keine Bärenfelle erwähnt. Von dort leitet sich auch das im Humanismus und Barock überaus beliebte Schimpfwort *Bärenhäuter* her, das 1536 bei Georg Witzel erstmals zu finden ist. Ein knappes Jahrhundert später, 1605, heißt es in Berthold von der Beckes »Soldatenspiegel« über Faulenzer und Feiglinge: »Rechtschaffene Soldaten lassen sich solcher Bernhäuter vnd Müssiggänger Geschwetz im geringsten nichts hindern noch anfechten.«

Bevor man auf der Bärenhaut liegen kann, muss man sie aber erst mal fleißig erjagen oder wenigstens kaufen. Hier tut sich ein Abgrund an Betrug und Jägerlatein auf. Schwankgeschichten von Taugenichtsen, die das Fell eines Tieres verkauften, das sie noch gar nicht hatten, existieren seit uralten Zeiten in vielen Ländern. Schon bei den Römern wurde gewarnt, man solle nicht *priusquam mactaris, excorias* – »schinden, bevor man geschlachtet hat«. Im Deutschen spottet Thomas Murner 1512 über Priester, die »hondt die

Berenhüt verkoufft. Ee das ir eine in erloufft«. Der frühkapitalismuskritische Luther prangert ein paar Jahrzehnte später überreiche und risikofreudige Kaufleute an, welche die »dreizehende bernhaut« verkaufen. Heute nennen wir *Haut* nur noch, was weitaus geringer behaart ist, und die moderne Variante der Redensart, die davor warnt, sich des Erfolges allzu früh sicher zu sein, lautet: *Man soll das Fell des Bären nicht verteilen, bevor er erlegt ist.*

Gewissermaßen am anderen Ende der Zeitskala, die bis zu Germanen und Römern zurückreicht, steht der Bär als Idealbild in der Mythologie gegenwärtiger Schwuler: *Bär* heißt hier ein meist in Leder gewandeter Typ von Mann, der mit stämmiger Figur und kräftiger Behaarung nicht nur im Gesicht die Blicke auf sich zieht. Deshalb nennt sich eine Kneipe im alten Ost-Berliner Schwulenviertel Prenzlauer Berg »Bärenhöhle«. Diese Bären sind das Gegenbild zur effeminierten Tunte, aber auch zum jungen knabenhaften Schwulen. Obwohl es derartige Vorlieben natürlich schon immer unter deutschen Homosexuellen gegeben hat, sind die Szene und der Begriff dafür aus den USA, genauer aus San Francisco importiert, wo seit 1987 ein »Bear Magazine« erscheint, dessen Herausgeber Richard Bulger als großer Popularisierer des Ausdrucks *bear* gilt. Sein Urheber war möglicherweise der Journalist George Mazzei, der 1979 in einem Artikel für »The Advocate«, das älteste Homosexuellenmagazin der USA, unter dem Titel »Who's Who in the Zoo?« Schwule in sieben verschiedene Tierarten einteilte, darunter auch *bears.*

Doch auch Heterosexuelle haben eine Bärenmetapher: Wie fast jedes andere haarige Tier musste auch der Bär als Synonym für das weibliche Geschlechtsteil herhalten. Nachdem 1972 die deutsche Ausnahmeathletin Ulrike Meyfarth bei den Olympischen Spielen in München die Goldmedaille im Hochsprung gewonnen hatte, erzählten sich pubertierende Jungen den Witz: »Welcher Bär springt am höchsten? Der von Ulrike Meyfarth.«

Biene

Die Biene ist eine unserer ältesten Bekannten. Sie ist das erste Insekt, mit dessen Lebensweise sich Menschen genauer beschäftigt haben. Denn Honig schätzt man seit etwa 13 000 Jahren. Bei der Gewinnung dieses süßen Naturstoffs muss zwischen frühem *Honigsuchen* und späterem *Honigsammeln* unterschieden werden. Anfangs wurde der Honig einfach aus den Nestern der Wildbienen geholt, die man immer wieder neu suchen musste. Doch dann lernten die Menschen, wilde Bienen in Baumhöhlen anzusiedeln. Dort produzierten sie den Honig unter menschlicher Kontrolle. Für diese Waldimkerei gab es im Deutschen das Verb *zeideln*, das heute nur noch im Familiennamen *Zeidler* lebt.

Das Zeideln lohnte sich, seit sich nach der letzten Eiszeit überall in Europa die Bedingungen für Blütenpflanzen verbessert hatten. Die bevorzugten Bäume der Honigbienen – die Linde und die Eiche – verbreiteten sich damals in der eurasischen Waldsteppe, in der sich frühe Indoeuropäer und frühe uralische Völker begegneten. Die Wörter *meksi* »Biene«, *medhu* »Honig« und *wosko* oder *wokso* gehören zur ältesten Schicht der indogermanischen Sprachen; die Letztgenannten erkennt man trotz zahlreicher Formwandlungen innerhalb vieler Jahrtausende unter anderem noch im französischen *miel* und in unserem *Wachs* wieder.

Die Unermüdlichkeit, mit der die Bienen schwärmen und winzige Nektartröpfchen zum Stock bringen, hat schon früh dazu geführt, dass man sie als Inbegriff des Fleißes ansah. Allerdings galt das in der Antike, in der Arbeit etwas für Sklaven war, das den Vornehmen schändete, nicht immer als etwas Positives: Demokritos verabscheute Bienen und verglich sie mit dem Geizigen. Beide arbeiteten, als ob sie ewig leben würden. Die Biene wird hier zum Schreckbild des seelenlosen Menschen, der nur noch für die Arbeit lebt, so wie es in der Moderne der Roboter geworden ist.

Nachdem das Christentum spätestens durch die mönchische Parole *ora et labora* die Arbeit geheiligt hatte, betrachtete man den Bienenfleiß und die geheimnisvolle Organisation des Bienenstaats fast nur noch mit Sympathie und Dankbarkeit. Im Lorcher Bienensegen aus dem 10. Jahrhundert werden die Bienen in einer rheinfränkischen Variante des Althochdeutschen als verständige Partnerwesen angeredet: »Kirst, imbi ist hûcze / Nû fliuc dû, vihu mînaz, hera / Fridu frôno in munt godes / gisunt heim zi comonne.« (Christ, der Bienenschwarm ist hier draußen! / Nun fliegt, ihr meine Bienen, kommt. / Im Frieden des Herrn, unter dem Schutz Gottes / kommt gesund zurück.) Und auch im Grimm'schen Märchen von der Bienenkönigin sind die Insekten verständige und dankbare Partner: Die Königin hilft dem jüngsten, dümmsten, aber rücksichtsvollsten von drei Brüdern, herauszufinden, welche von drei schlafenden Königstöchtern Honig gegessen hat. Als er diese Aufgabe gelöst hat, werden seine zu Stein verwandelten Brüder und alle anderen im verwunschenen Schloss erlöst. In »Tischlein deck dich« ist es die Biene, die am Ende die intrigante und verlogene Ziege, die das Unglück der drei Brüder heraufbeschworen hat, zur Strafe in den Kopf sticht.

In vielen Städtewappen steht die Biene für Fleiß. Napoleon machte daraus ein regelrechtes Propagandastilmittel und zeichnete »gute Städte des französischen Imperiums« mit drei Bienen aus. Auf vielen französischen Wappen wurden in der napoleonischen Zeit die bourbonischen Lilien durch Bienen ersetzt. Doch die Biene als Symbol ist natürlich kein exklusiver Besitz Frankreichs. Wer aufmerksam die Portale von deutschen Schulen aus der Gründerzeit und dem frühen 20. Jahrhundert betrachtet, wird dort häufig in Stein gemeißelte Bienen entdecken, die den Schülern als Vorbild an Fleiß und Untertanentreue präsentiert wurden.

In solchen Schulen wurden aber noch keine *Bienchen* oder *Fleißbienchen* als Auszeichnungen für vorbildliche Leistungen in die Mitteilungshefte gestempelt, obwohl sich ähnliche Hefte bereits 1838 an einer Berliner höheren Töchterschule nachweisen lassen und sicher auch anderswo existierten. Die Wörter *Bienenfleiß* und *bienenfleißig* nutzte man ebenfalls schon im 19. Jahrhundert. Und Wilhelm Raabe nennt in seiner letzten vollendeten Erzählung »Halstenbeck« 1898 ein Findelkind, das sich im Pfarrhaushalt zu einer besonders fleißigen jungen Frau entwickelt, das »Bienchen von

Boffzen«. Der Bienchenstempel ist dennoch offenbar eine Erfindung der DDR, wo die oben genannten Hefte *Muttihefte* hießen. Möglicherweise ist der erklärende Zusatz *Fleiß-* in *Fleißbienchen* erst nach der Wende entstanden, als man den Wessis erklären musste, was gemeint war. In der DDR verstand auch jeder das einfache *Bienchen*. Noch 1995 heißt es in der Ost-»Berliner Zeitung« über Heiko Herrlich, der sich beim EM-Qualifikationsspiel gegen Georgien hervorgetan hatte: »Herrlich: Ein Bienchen für Fleiß und Einsatz, nicht von ungefähr am zweiten deutschen Treffer beteiligt.«

Biene oder *Filzbiene* war in der Sprache der Soldaten, wandernden Handwerker, Landstreicher oder Bettler auch ein Hüllwort für Läuse. 1916 nennt ein humoristisches Gedicht in einer Soldatenzeitung die an der Westfront allgegenwärtige Laus *Schützengraben-Biene*. Ich habe diese Bedeutung erst durch den Roman »Madita« kennengelernt, der wie fast alle Bücher Astrid Lindgrens von Anna-Liese Kornitzky übersetzt wurde. Hier fängt sich die Titelheldin, die aus einem wohlhabenden Haus stammt, die »Bienchen« bei der armen Mia ein, die in ihre Klasse geht. Als das Dienstmädchen Alva die beiden entlaust, werden die Kinder, die sich früher oft geprügelt haben, endgültig Freunde. Das Buch spielt zur Zeit des Ersten Weltkriegs (alle Anspielungen darauf wurden in der deutschen Fassung getilgt) und die 1909 geborene Übersetzerin hat 1961, als »Madita« hierzulande herauskam, möglicherweise ganz bewusst ein Wort aus ihrer Kindheit gewählt.

1962 ist *Biene* erstmals als Bezeichnung für ein attraktives junges Mädchen in der Jugendsprache belegbar. Im Teenager-Wörterbuch »Steiler Zahn und Zickendraht« konkurriert es damals allerdings noch mit *Bombe*, *Eule*, *Ische*, *dufte Kante*, *steiler Zahn* und *Stoßzahn*. Neu ist daran nur, dass *Biene* hier positiv und anerkennend gebraucht wird. Für Dirnen und andere Mädchen mit niedriger sozialer Stellung war ein abwertendes *Fabrikbiene* (»Arbeiterin«), *kesse Biene* (»schlaue Dirne«) oder *Bruchbiene* (»Soldatenhure«) bei Schülern und Studenten schon früher im Gebrauch. *Bienchen* als Kosename benutzt dagegen bereits der Barock-Poet Christian Hoffmann von Hoffmannswaldau. Die Gleichsetzung von Bienen und Frauen rührt wahrscheinlich vom Vergleich der weiblichen Figur und ihrer früher einmal modischen Einschnürung in der Mitte mit dem gekerbten Körper der Bienen her – auch wenn sich für diese modische Torheit in der Allgemeinsprache heute der Ausdruck *Wespentaille* durchgesetzt hat, dessen Spuren sich bis zu E. T. A. Hoffmann zurückverfolgen lassen.

Bock

Wenn der Bock zum Gärtner gemacht wird, schießt er viele Böcke. Vor allem, wenn er null Bock hat und sich leicht ins Bockshorn jagen lässt. Das männliche Schaf hat für etliche Redensarten Modell gestanden – angefangen im Mittelalter, aus dem die niemals befriedigend erklärte Redensart *jemanden ins Bockshorn jagen* zu uns gekommen ist, bis in die Jugendsprache der vergangenen Jahrzehnte.

Relativ einfach ist dabei zu ergründen, warum wir *einen Bock schießen*: Das Tier war spätesten seit 1479 der Trostgewinn beim Preisschießen; wer einen Bock schoss, hatte versagt. Früher konnte man aber auch *eine Trappe schießen* oder *einen Kuckuck schießen* und damit das Gleiche meinen; so steht es noch bei Hans Sachs. Eng mit der Wendung zusammen hängt wohl auch die Bedeutung *Bock* »Fehler«. *Bock* bezeichnete in der Bergmannssprache eine Fuhre minderwertiges Erz. Tiernamen, so merkt der große Redensarten-Forscher Lutz Röhrich an, werden häufig zur Bezeichnung von Versehen gebraucht, sein Beispiel ist der *Wolf*, ein alter Ausdruck für einen Fehler im Instrumentenbau. Vom *Bug* (siehe dort) im Computer konnte Röhrich 1991, als er sein

»Lexikon der sprichwörtlichen Redensarten« schrieb, noch nichts ahnen.

Bockmist ist demnach vielleicht nur eine tautologische Verstärkung. *Bock* und *Mist* bedeuten beide »Fehler, Missgeschick«. Das Wort ist Anfang des 20. Jahrhunderts in Mode gekommen, möglicherweise stammt es aus dem Berlinischen. Auf jeden Fall steht es 1904 im Wörterbuch »Der richtige Berliner« von Hans Meyer mit der Erklärung »Quatsch (z. B. in einer Rede)«. In Lion Feuchtwangers Drama »Die Kriegsgefangenen« von 1919 wird es dann so erklärt: Der französische Gefangene Gaston fragt seine deutsche Freundin Mechthild: »Du, Mademoiselle, übrigens, wie sagt man in deutsch, wenn man sagen will, etwas ist ganz großer, gräßlicher Unsinn?« Sie antwortet: »Nun, Papa sagt da gewöhnlich: Bockmist.« Gaston: »Wie? Bockmist?« Mechthild: »Ja, das ist bildlich.« Um 1920 wird der Ausdruck plötzlich literaturfähig. Er taucht bei Ludwig Thoma ebenso auf wie in gehobenen Debattenzeitschriften. Seitdem hat er uns nicht mehr verlassen.

Sich verbocken konnte im 19. Jahrhundert noch »störrisch werden« meinen. Jetzt kennen wir das Verb nur noch in seiner nicht reflexiven Form mit dem Sinn »einen Fehler machen, versagen«. Vielleicht stammt dieses *verbocken* aus der Soldatensprache des Ersten Weltkriegs; auf jeden Fall lässt es sich dort zuerst nachweisen. In der humoristischen Rubrik »Feldgrau und kunterbunt« der Zeitschrift »Der Türmer« schreibt Reinhard Weer 1918: »Unser Batterieführer, das ist einer! Immer gut zu den Leuten, aber wenn man was verbockt, hat er so seine Art, einen anzusehen.« Ein Jahr darauf liest man in den »Süddeutschen Monatsheften« über Marinesoldaten, die in England festsitzen: »Die 5000 Internierten haben ausbaden müssen, was andere verbockt. 7 Monate sind sie in einer freiwilligen Gefangenschaft, die schlimmer war als der Aufenthalt in einem Kriegsgefangenenlager, gewesen.«

Der Bock ist der Inbegriff der Geilheit, obwohl der Geschlechtstrieb dieses Paarhufers kaum ausgeprägter ist als der anderer Männchen. Möglicherweise rührt das Missverständnis vom starken Geruch des Tiers her, denn in Prä-Deodorant-Zeiten galt Körpergeruch noch als Aphrodisiakum. Napoleon schrieb seiner Gattin Josephine einmal voller Vorfreude, sie solle sich jetzt nicht mehr waschen, er kehre nun bald von seinem Feldzug zurück. Vielleicht ist die angebliche Geilheit des Bockes aber auch ein Relikt des alten Aberglaubens, in dem man sich den Satan mit Bockshörnern vorstellte, wie er es mit den Hexen trieb. Die Wendung *geiler Bock* wird schon zu Beginn des gar nicht so prüden 19. Jahrhunderts wörterbuchfähig. Bei Campe heißt es, ein *Bock* könne auch »ein in der sinnlichen Liebe ausschweifender Mensch« sein (»wegen der Geilheit der Böcke«), dann folgt das Beispiel »ein alter geiler Bock«.

Zwischen Geilheit und Lust ist nicht immer genau zu unterscheiden. Und so avanciert der Bock in der Jugendsprache seit den frühen siebziger Jahren zum Synonym für »Neigung, Lust, Laune, Bereitwilligkeit«. In seinen »Interviews aus dem Palais d'Amour«, einem Buch voller Gespräche mit männlichen und weiblichen Prostituierten, lässt Hubert Fichte 1972 einen Hamburger Strichjungen von seiner Reise ans Mittelmeer schwärmen: »Nur aus Bock heraus so, weil ich den Stenz spielen wollte, und ich habe dort unten eine Filmschauspielerin kennengelernt.« Im gleichen Jahr heißt es in der »Hörzu« über eine sexuell offenbar besonders aktive junge Frau: »Da hat sie eben ’n Bock drauf. Mit ’nem Macker schlafen, ohne dass einer zwischenkommt.« Übrigens nannte man das amtsärztliche Gesundheitszeugnis, das Prostituierte noch bis zum Jahr 2000 regelmäßig vorweisen mussten, im Jargon *Bockschein*.

Kein Bock stellt die Sprachwissenschaftler vor solche Rätsel wie das Bockshorn. Die Redensart *jemanden ins Bockshorn jagen* »jemanden einschüchtern, jemanden in Bedrängnis bringen« hat eine solche Fülle an Erklärungsversuchen provoziert, dass sie schon wieder als ein Lehrbuchbeispiel für die gelegentliche Hilflosigkeit aller sprachgeschichtlichen Anstrengungen gilt:

Mal wird das Bockshorn als eine alte Verballhornung von Gottes Zorn verstanden, denn Bock war im späten Mittelalter ein Euphemismus für Gott, dessen Name in Flüchen nicht genannt werden durfte. So pöbelt noch 1558 in Michael Lindners Schwank »Der erste Teil Katzipori« jemand: »Boxhorn soll dich schänden, du dicke quadratische viereckige Wampe!« Aus diesem *Bock* bzw. der Genitivform *Bocks* hat sich dann unser *Potz* in *Potztausend* oder *Potzsackerment* entwickelt. Dann wieder ging man davon aus, dass Bockshorn hier nur ein Kurzwort für den früher als medizinische

Heilpflanze viel angebauten stinkenden Bockshornklee war, in den ein Mensch gejagt wurde. Es könnte auch damit zu tun haben, dass Bockshornklee als Mittel gegen Hautkrankheiten galt, man also Leute mit üblen Ausschlägen am liebsten in den Bockshornklee gejagt hätte. Ein anderer Forscher grub aus, dass im 16. Jahrhundert *Bockshorn* oder *Bockshornbrennen* als Bezeichnung für das Osterfeuer in Gebrauch war, durch welches mutwillige Kinder und junge Leute keck sprangen. Natürlich hat man auch daran gedacht, es könne mit der Wendung auf die Furcht vor dem bocksgehörnten Teufel angespielt worden sein. Und zu guter Letzt wurde gemutmaßt, der Pate der Redensart könne der berühmte niederländische Sprachwissenschaftler Marcus Zuerius van Boxhorn (1612–1653) gewesen sein, der seine sich schlau dünkenden Schüler oft im Disput in die Enge getrieben habe.

Alle diese Deutungen und noch viele andere sind mit guten Gründen verworfen worden. Die meisten passen auch nicht dazu, dass die Redensart, die bei Sebastian Brant erstmals in oberdeutscher Sprache auftaucht, früher auch in der Form *ins Bockshorn kriechen* oder *ins Bockshorn zwingen* existierte. Erst Luther hat *ins Bockshorn jagen* zum Standard gemacht.

Heute nimmt man an, dass der Spruch, dessen ursprünglicher Sinn schon in der frühen Neuzeit bei den ersten schriftlichen Fundstellen ganz verdunkelt erscheint, vom Haberfeldtreiben herrührt. Bei dieser volkstümlichen Form der Selbstjustiz wurde dem Delinquenten, dem man in ganz alter Zeit ein Bocksfell und später ein Hemd anzog, sein Sündenregister verlesen. Ursprünglich hieß die Prozedur auch *Haberfelltreiben*, und *Haber* ist ein Dialektwort für *Bock*, das sich aus lateinisch *caper* entwickelt hat und noch in regionalen Insektenbezeichnungen wie *Haberngeiß* »Weberknecht« oder *Haberbock* »Heuschrecke« erhalten ist. Das *Bockshorn* hätte sich nach dieser Theorie aus althochdeutsch *bokkes-hamo* (»Bockshaut«) entwickelt. 1574 übersetzte der Baseler Nicolaus von Tauber Königshofen die lateinischen Predigten, die Geiler von Keyserberg über Sebastian Brants deutschen Renaissance-Bestseller »Das Narrenschiff« gehalten hatte, ebenfalls ins Deutsche. In seiner Übersetzung scheint der Sinn einer Rüge oder moralischen Verurteilung in der Redensart noch durchzuscheinen, wenn es heißt: »Die conventsbrüder vermeinten, der apt wolt sie gar in eine bockshorn zwingen, dieweil er sie so heftig strafet.«

Ich persönlich möchte der Vielzahl der Phantasien dennoch eine weitere hinzufügen, nämlich die, das Bockshorn könnte womöglich etwas mit dem jüdischen Schofar zu tun haben: Dieses aus einem Widder- oder Antilopenhorn hergestellte Blasinstrument dient nicht nur friedlichen rituellen Zwecken im Synagogengottesdienst, sondern auch dazu, Angst zu verbreiten. Die – je nach Übersetzung – Trompeten oder Posaunen, welche die Mauern von Jericho einstürzen ließen, waren in Wirklichkeit Schofare.

Der Schofar wurde auch geblasen, wenn jemand aus dem Judentum ausgeschlossen wurde. Heinrich Heine erzählt in seiner famosen »Geschichte der Religion und Philosophie in

Deutschland«, welche Rolle das Bockshorn bei der Exkommunikation des Philosophen Spinoza und der Einschüchterung jüdischer Glaubensrebellen gespielt habe:

»Teurer Leser, wenn du mal nach Amsterdam kömmst, so laß dir dort von dem Lohnlakaien die spanische Synagoge zeigen. Diese ist ein schönes Gebäude, und das Dach ruht auf vier kolossalen Pfeilern, und in der Mitte steht die Kanzel, wo einst der Bannfluch ausgesprochen wurde über den Verächter des mosaischen Gesetzes, den Hidalgo Don Benedikt de Spinoza. Bei dieser Gelegenheit wurde auf einem Bockshorne geblasen, welches Schofar heißt. Es muß eine furchtbare Bewandtnis haben mit diesem Horne. Denn wie ich mal in dem Leben des Salomon Maimon gelesen, suchte einst der Rabbi von Altona ihn, den Schüler Kants, wieder zum alten Glauben zurückzuführen, und als derselbe bei seinen philosophischen Ketzereien halsstarrig beharrte, wurde er drohend und zeigte ihm den Schofar, mit den finsteren Worten: ›Weißt du, was das ist?‹ Als aber der Schüler Kants sehr gelassen antwortete: ›Es ist das Horn eines Bockes!‹ da fiel der Rabbi rücklings zu Boden vor Entsetzen. Mit diesem Horne wurde die Exkommunikation des Spinoza akkompagniert, er wurde feierlich ausgestoßen aus der Gemeinschaft Israels und unwürdig erklärt hinfüro den Namen Jude zu tragen. Seine christlichen Feinde waren großmütig genug, ihm diesen Namen zu lassen.«

Eindeutig auf alttestamentarische Motive zurück geht das Wort *Sündenbock*: Gott befiehlt im Buch Levitikus, 16,8-21 dem Führer der Israeliten Mose, sein Bruder, der Priester Aaron, solle einem Bock die Sünden des gesamten Volkes durch Handauflegen übertragen und diesen dann in die Wüste treiben. Das Wort selbst als Kompositum ist allerdings erst seit dem 18. Jahrhundert belegt. 1744 ist beim evangelischen Theologen Johann Ernst Schubert noch der Bock des Alten Testaments gemeint, seit ca. 1770 kommt es übertragen in Gebrauch. In den Handschriften, die 1786 beim Freimaurer und Mitglied des verbotenen Bundes der Illuminaten Adam Zwack von bayerischen Behördenmitarbeitern gefunden wurden, als diese sein Haus durchsuchten, heißt es über ehemalige Ordensbrüder, von denen Zwack sich verraten fühlte: »Möchte es ihnen doch besser gehen, und der Sturm sich legen, nachdem ich als der Sündenbock mich geopfert habe!«

Bug

Ein *bug* ist ein Insekt. Das umgangssprachliche englische Wort wird – je nach Sachlage – entweder mit »Käfer« oder mit »Wanze« übersetzt, wobei Letzteres eher in der erklärenden Zusammensetzung *bedbug* auftaucht. Schon seit dem späten 19. Jahrhundert gebrauchen Techniker *bug* in Amerika auch für einen Fehler in der Konstruktion einer Maschine.

Die ältesten Fundstellen legen nahe, dass einer der berühmtesten Erfinder aller Zeiten auch der Erfinder des Worts ist. Am 11. März 1889 schrieb die »Pall Mall Gazette« über die Entstehung von Thomas Alpha Edisons erstem Phonographen: »Mr. Edison, I was informed, had been up the two previous nights discovering ›a bug‹ in his phonograph – an expression for solving a difficulty, and implying that some imaginary insect has secreted itself inside and is causing all the trouble.« Schon zwölf Jahre zuvor hatte Edison in einem Brief an seinen Freund Tivadar Puskás geschrieben: »The first is an intuition, and comes with a burst, then difficulties arise – this thing gives out and [it is] then that ›Bugs‹ – as such little faults and difficulties are called –

show themselves.« Möglicherweise griff Edison aber auch einen bereits existierenden Jargon-Ausdruck auf. 1896 ist der Begriff *bug* dann schon so eingeführt, dass er im »New Catechism of Electricity« von Nehemiah Hawkins als »Fehler oder Störung in den Verbindungen oder Funktionen eines elektrischen Apparates« definiert wird.

Aus dem Ingenieurjargon ist das Wort nach dem Zweiten Weltkrieg in die Sprache der Programmierer und Computerexperten übernommen worden. Laut der Computerpionierin Grace Hooper habe eine Motte zu einer Fehlfunktion in einem Relais des Mark II Aiken Relay Calculator geführt. Die Motte wurde am 9. September 1947 ins Logbuch des Computerlabors geklebt und mit der ironischen Bemerkung versehen: »First actual case of bug being found« (»Das erste Mal, dass tatsächlich ein Insekt gefunden wurde«). Die Logbuchseite wird heute im Smithsonian Institute, dem Nationalmuseum der USA, aufbewahrt.

Nach Deutschland kam das Wort Mitte der neunziger Jahre. In einem »Zeit«-Artikel mit der Überschrift »Viele Wanzen, einige Treffer« hieß es 1995, der Hersteller der Graphik-Software Corel Draw sei einer der wenigen, der sich professionelle Tester leiste: »Die durchkämmen die Betaversionen ihrer Programme nach Bugs (Wanzen)«. Die meisten anderen Firmen überließen das den Nutzern. Von 1997 an erschien dann in Berlin eine hippe Zeitschrift namens »De:Bug«, die sich mit Computern und elektronischer Musik beschäftigte. Das war ein Wortspiel mit dem Verb *debuggen* »einen Fehler aufspüren und beheben«, aber *de* ist bekanntlich auch die Internet-Endung für Deutschland, und die Zeitschriftengründer wollten möglicherweise andeuten, dass ganz Deutschland ein Bug sein könnte.

Richtig populär wurde der Bug dann erst mit der Furcht vor dem sogenannten *millennium bug*, die sich gegen Ende des Jahrtausends ausbreitete. Damals fürchtete man, dass viele ältere Computerprogramme beim Umschalten auf das neue Jahrtausend ihren Geist aufgeben würden, weil deren Programmierer niemals ahnten, dass sie so lange im Einsatz sein würden. Geradezu lustvoll wurden apokalyptische Szenarien von abstürzenden Satelliten und explodierenden Atomkraftwerken entworfen. Passiert ist dann tatsächlich recht wenig. Der *millennium bug* war nichts als ein Schreckgespenst, mit dem die damals noch in der Pubertät steckende Computerwelt sich selbst wohlig das Gruseln lehrte.

Dachs

Der Dachs ist sehr scheu und nachtaktiv. Nur damit lässt sich erklären, dass über ein so weitverbreitetes Tier dermaßen viel Unfug erzählt wurde. Aristoteles musste seinen Zeitgenossen erklären, dass der Dachs nicht – wie Herodot von Herakleia ihnen weismachen wollte – zweierlei Geschlechtsteile habe und sich selbst begatte. Die Kenntnisse über den Dachs verbesserten sich auch im Mittelalter kaum, obwohl er da ein beliebtes Jagdtier war. Damals war in England der Glaube verbreitet, die Beine des Dachses seien auf der einen Seite kürzer als auf der anderen. In Frankreich hielt man an diesem Irrtum noch zu Beginn des 20. Jahrhunderts fest. In Deutschland und Italien war man überzeugt, der Dachs stecke seine Schnauze in eine Tasche am Hintern, um sich von seinem eigenen Fett zu nähren. Die Redensart *von seinem Fett zehren wie ein Dachs* geht darauf zurück.

Diesem Fett hat man bis in die Neuzeit in ganz Europa Heil- und Wunderkräfte nachgesagt. Der römische Arzt Quintus Serenus berichtet erstmals davon in seinem »Liber medicinalis«, einer Sammlung populärer Heilmittel, Gegengifte und magischer Formeln (auf ihn geht der Spruch *Abra-*

kadabra als Bann gegen Fieber und Malaria zurück). Da sein Buch auch noch das ganze Mittelalter über als Standardwerk galt und schon vor 1484 – also in der absoluten Frühzeit des Buchdrucks, 32 Jahre nach Gutenberg – auch gedruckt wurde, überrascht es nicht, wie weit der Glaube ans Dachsfett verbreitet war und wie lange er sich hielt. Konrad von Megenberg, der einflussreichste Naturkundelehrer des späten Mittelalters, behauptet in seinem »Buch der Natur«, Dachsfett nehme mit zunehmendem Mond zu und mit abnehmendem Mond ab. Helfen sollte es gegen verwachsene Glieder, Wundsein, Steinbeschwerden, Lungenschwindsucht, Bruch, Blattern, Gicht, Sehnenscheidenentzündung und Kropf. Im entsprechenden Band des »Handwörterbuchs des Deutschen Aberglaubens« heißt es 1930: »Im Gebiet von Verona wird von Marktschreiern heute noch Dachsfett feilgeboten. Um ihrer Reklame den nötigen Nachdruck zu verleihen, führen diese Leute einen gezähmten Dachs mit sich.« In der genannten italienischen Stadt genoss man auch Suppe aus Dachsleber, um sich von übelriechendem Atem zu befreien.

Dachshaut sollte als Einlage im Schuh vor schmerzenden Füßen und als Gürtel oder Umhang sogar gegen die Pest schützen. In Spanien hängte man noch in den dreißiger Jahren Dachspfoten an die Schultern der Kinder, vermutlich ein Überbleibsel römischer Bräuche. Angelsächsische Krieger fühlten sich einst unbesiegbar, wenn sie im Kampf den Vorderfuß eines Dachses bei sich trugen. Einen ähnlichen Abwehrzauber erhofften sich die Tiroler von den Dachsköpfen an ihrem Haus.

Liest man von all diesen Mythen und Sagen, wundert man sich, warum der Dachs in der Sprache so wenig phantasieanregend gewirkt hat. Er findet sich zwar in Redensarten wie *schlafen wie ein Dachs* oder *essen wie ein Dachs*, aber das sind Allgemeinsprüche, in denen fast jedes andere Tier an seine Stelle treten kann.

Interessant sind eigentlich nur der *Frechdachs* und der *junge Dachs*. An irgendeiner Stelle in der Übersetzung der »Donald Duck«-Geschichten berichtet Onkel Dagobert seinem Neffen Donald und seinen Großneffen Tick, Trick und Track meiner Erinnerung nach davon, wie er als »junger Dachs« in Alaska oder an einem anderen abenteuerlichen Ort sein Vermögen begründet habe. Die 1906 geborene Übersetzerin Erika Fuchs hat hier vielleicht unbewusst ein Wort aus ihrer frühen Jugend gewählt, das zu der Zeit passt, von der Dagobert erzählt – die Bezeichnung *junger Dachs* für einen Menschen lässt sich um 1900 erstmals nachweisen. Auch im französischen Argot und im Militärjargon wurde damals ein Anfänger *blaireau* genannt. Die Bezeichnung rührt laut dem Tiernamenforscher Richard Riegler daher, dass die Rekruten häufig mit einem Besen von Dachshaaren den Kasernenhof fegen mussten. Zunächst sei der Besen *blaireau* genannt worden, schließlich der Soldat, der ihn handhabte – ähnlich wie die Studenten des 18. Jahrhunderts ein Mädchen *Besen* nannten. Blaireau konnte dann im erweiterten Sinne auch einen literarischen Debütanten meinen.

Ungefähr gleich alt ist *Frechdachs*. 1901 wird in der »Zeitschrift des allgemeinen Sprachvereins« darüber diskutiert, ob der zweite Bestandteil des ziemlich neuen Ausdrucks, den die Grimms in ihrem Wörterbuch noch nicht verzeichneten und der auch im ersten Duden von 1880 fehlt, nicht vielleicht eine Abkürzung für *Dachshund* sei. Wer je einen Dackel besaß, weiß, dass diese eigenwilligen und widerspenstigen Hunde auf jeden Fall frech genug sind, um sich Ansprüche auf die Urheberschaft des Wortes zu verdienen.

Eine andere plausibel klingende Erklärung findet der genannte Tiernamendeuter 1909 in der »Festschrift der 50. Versammlung deutscher Philologen und Schulmänner«. Demnach wurde in der damaligen Studentensprache *Dachs* ein Kommilitone genannt, der sich vom bunten Verbindungstreiben fernhielt – im Gegensatz zum *Fuchs*, einem jungen Korps-Studenten. Diese Metaphorik passt zur abgesonderten und versteckten Lebensweise des echten Tieres: »Da der ›Dachs‹ nun seinen farbentragenden Kollegen nicht immer mit der geforderten Ehrerbietung begegnet, wird im Munde des Verbindungsstudenten aus dem ›Dachs‹ leicht ein Frechdachs. Dies dürfte wohl die Entstehungsgeschichte dieser hauptsächlich in Studentenkreisen üblichen Metapher sein.«

Dinosaurier

In den siebziger Jahren war ich Militarist. Mit zwölf bastelte ich Modelle von Stukas aus dem Zweiten Weltkrieg, las Landserhefte und stellte mit den Minisoldaten der britischen Firma Airfix große Schlachten nach. Mein Mathelehrer, ein alternder Juso, machte einen Versuch, mich davon zu heilen, indem er mir erzählte, er und seine Genossen hätten einmal die Stadt mit Aufklebern bepflastert, auf denen ein Dinosaurier zu sehen war und dazu der Spruch »Ausgestorben. Zu viel Panzer, zu wenig Hirn«.

Der Aufkleber ist noch heute im Umlauf und ist einer von vielen Versuchen, die Dinosaurier als Symbol für etwas ganz und gar Undinosaurisches zu missbrauchen. Der amerikanische Zeichner Gary Larson hat diese Tendenz, die großen, vor Millionen Jahren verschwundenen Echsen zu vermenschlichen und ihr Ende zu rationalisieren, einmal ganz wunderbar mit einer Zeichnung namens »Warum die Dinosaurier wirklich ausgestorben sind« persifliert. Sie zeigte einen Tyrannosaurus und zwei seiner Kumpel, die an einer Felswand zusammenstehen und gehetzt Zigaretten rauchen.

Dass der pazifistische Aufkleber meines Mathelehrers in den frühen siebziger Jahren entstand, ist kein Zufall. Denn in den späten Sechzigern gab es die erste mittelgroße Dinosaurierwelle in der Popkultur. Der entsprechende »Was ist was?«-Band sorgte dafür, dass Jungen wie ich einen Triceratops von einem Brontosaurus unterscheiden konnten. Die größte Rockgruppe der Zeit nannte sich T. Rex. Der tschechische Zeichner Zdeněk Burian prägte mit seinen weltweit erfolgreichen Dinosaurier-Bildern unsere Vorstellungen davon, wie diese prähistorischen Tiere aussahen.

Zwar hatte es zuvor schon immer mal wieder Dinosaurierauftritte in Unterhaltungsmedien gegeben: Winsor McCay drehte 1914 den ersten echten Zeichentrickfilm der Kinogeschichte »Gertie the Dinosaur'«, und der war ganz gewiss inspiriert von Arthur Conan Doyles zwei Jahre zuvor erschienenem Roman »The Lost World«, in dem eine Gruppe von Wissenschaftlern ein südamerikanisches Hochplateau erforscht, auf dem Dinosaurier bis zur Neuzeit überlebt haben.

Dennoch waren die Dinosaurier meist in eher fachbezogene Publikationen eingehegt, seitdem der britische Zoologe Richard Owen 1841 den Begriff *dinosaur* für jene reptilienartigen Tiere geprägt hatte, von denen man damals vermehrt Fossilien fand. Zumindest kam lange niemand auf die Idee, *Dinosaurier* als Metapher zu benutzen: Im Englischen ist *dinosaur* als Umschreibung für etwas, was sich überlebt hat, erst seit den frühen fünfziger Jahren belegt, als der »Guardian« von der »Dinosaur school of Republican strategy« in den USA schrieb, und damit von den kältesten unter allen kalten Kriegern.

Ins Deutsche ist das Wort *Dinosaurier* 1851, zehn Jahre nach seiner Erfindung durch Owen, vom Naturforscher und 1848er-Revolutionär Carl Vogt mit seinen »Zoologischen Briefen«, einer »Naturgeschichte der lebenden und untergegangenen Thiere, für Lehrer, höhere Schulen und Gebildete aller Stände« eingeführt worden. Vermutlich hatte Vogt den Begriff durch den Darwin-Popularisierer Robert Chambers und seine »Vestiges of the Natural History of Creation« kennengelernt, die er ebenfalls 1851 als Übersetzung unter dem Titel »Natürliche Geschichte der Schöpfung des Weltalls, der Erde und der auf ihr befindlichen Organismen, begründet auf die durch die Wissenschaft errungenen Thatsachen« veröffentlicht hatte.

Die ältesten metaphorischen Belege lassen sich bei uns erst in der zweiten Hälfte des zwanzigsten Jahrhunderts dingfest machen. Die »Zeit« berichtet 1964 anlässlich des amerikanischen Wahlkampfs zwischen dem Demokraten Lyndon B. Johnson und dem Republikaner Barry Goldwater, Johnson habe »den republikanischen Präsidentschaftskandidaten schon vor dem Parteikonvent von San Francisco als ›Dinosaurier‹ bezeichnet, als ein Fossil in der politischen Welt Amerikas.« Genauso wie der oben genannte »Guardian«-Beleg weist auch diese Fundstelle darauf hin, dass *dinosaur* offenbar ein beliebtes Schimpfwort liberaler Amerikaner für Konservative war. 1965 wendet dann ein anderer »Zeit«-Autor den Vergleich vorsichtig tastend auf eine europäische Reizfigur an: »Der General de Gaulle wird überall in der Welt bestaunt wie ein lebender Dinosaurier, als ein Überbleibsel aus einer versunkenen Welt.« Ein weiteres Jahr später ist der Vergleich ausgereift und kann freier benutzt werden; Alexander Rost schreibt zum 75. Geburtstag des Literaturkritikers Willy Haas: »Wir Jüngeren haben ihn als einen ›Dinosaurier an Bildung‹ bestaunt.«

Die infantile Kurzform *Dino* ist schließlich ein Kind der zweiten bis heute anhaltenden Saurierwelle. Ausgelöst wurde diese durch Michael Crichtons Roman »Jurassic Park« (1990), den Steven Spielberg 1993 verfilmte. Erst diese beiden Welterfolge und deren zahlreiche triviale und humoristische Trittbrettfahrer katapultieren die Saurier ins Kinderzimmer, aus dem sie seitdem nicht mehr vertrieben worden sind. Zwar wurde schon 1986 eine deutsche Plattenfirma *Dino Music* genannt – und zwar erklärtermaßen nicht nach Dean Martin, dessen Spitzname *Dino* war, sondern nach den Dinosauriern. Aber häufiger liest man den Ausdruck erst seit den neunziger Jahren. In allen Online-Archiven lässt sich nachweisen, dass der Gebrauch von *Dino* 1993 geradezu explosionsartig zunimmt, in jenem Jahr also, in dem die »Zeit« aus deutschen Spielwarengeschäften berichtet: »Da auch Dinos und Kampffiguren im Trend sind, gibt es natürlich Trolls mit Lasergewehren, Trollsaurier zum Reiten und Zombie-Trolls mit heraushängendem Auge.« Wir sehen daran: *Dino* klingt zwar niedlich, wird aber dennoch oft für Schreckliches gebraucht. Im Fußballreporterjargon hieß seit 1999, als das Wort plötzlich in allen Zeitungen auftauchte, der von einer Katastrophensaison zur anderen taumelnde Hamburger Sportverein *Bundesliga-Dino*, weil er als einziger Verein seit der Gründung der höchsten Spielklasse vor 55 Jahren dabei war. Diese Floskel dürfte mit dem Abstieg des HSV ausgedient haben.

Drache

Dieses Fabelwesen widerlegt feministische Theorien, denen zufolge das grammatische Geschlecht eines Wortes unsere Vorstellung vom natürlichen Geschlecht des Lebewesens, mit dem es bezeichnet wird, prägt. Offenbar spielen dabei bestimmte Klischees davon, was typisch männliches und was typisch weibliches Verhalten ist, eine weitaus größere Rolle. Die Drachen, die St. Georg oder Siegfried überwinden und töten, stellen wir uns männlich vor, denn Kampf und Raub ist Männersache. Wenn es um verabscheuungswürdige häusliche Herrschsucht geht, kann das Wort *Drache* auch ein weibliches Wesen bezeichnen. Dies tut es mindestens seit dem 16. Jahrhundert. In der Sammlung »Proverbia« des Geistlichen Eucharisus Eyerin heißt es: »denn ich hab gar ein bösen drachen, ja ein bös westphalier wif.« Diese Annäherung von Drache und Frau geht wohl schon auf die Bibel zurück. Bei Jesus Sirach 25,22 steht: »Mit einem Löwen, einem Drachen, wollt ich lieber hausen, als mit einem bösen Weibe.«

Jünger ist die Verdeutlichung *Hausdrache.* Sie kommt wohl erst im frühen 19. Jahrhundert auf. In Karl von Holteis Roman »Die Vagabunden« versucht ein Vater seinem Sohn eine unerwünschte Ehe auszureden – mit Erfolg: »Aus dem derben, einfachen, doch hübschen und sanften Landmädchen, wie er sich's erst träumen wollen, wuchs ihm durch des Vaters Schilderungen nach und nach ein robuster, besenschwingender Hausdrache auf, über die Jugendblüthe weit hinaus; unerbittlich gegen Magd und Knecht; sparsam bis zum Geiz und mit einer Grenadierstimme versehen.«

Unser Wort *Drache* geht über das lateinische *draco* auf griechisch *drakon* zurück. Und aus der Antike stammen auch die ältesten bekannten Drachenkampf-Motive. Die Bibel setzt die legendäre Bestie oft mit dem Teufel oder dem Antichrist gleich. Am bekanntesten ist die Stelle in der Offenbarung des Johannes, 12,7, wo es heißt: »Und es entbrannte ein Kampf im Himmel: Michael und seine Engel kämpften gegen den Drachen. Und der Drache kämpfte und seine Engel, und sie siegten nicht und ihre Stätte wurde nicht mehr gefunden im Himmel. Und es wurde hinausgeworfen der große Drache, die alte Schlange, die da heißt Teufel und Satan (…).«

Die Fähigkeit, Drachen zu besiegen, wurde dementsprechend oft Heiligen zugesprochen – neben St. Georg auch der heiligen Margarete. In der mittelalterlichen Legendenspinnerei kennzeichnet der Sieg über einen Drachen einen wahren Helden – von Dietrich von Bern über Siegfried bis zu Heinrich dem Löwen.

Unvergleichlich anschaulich wird der Drache von Wilhelm Grimm im entsprechenden Band des »Deutschen Wörterbuchs« beschrieben:

»gewöhnlich ist ein nicht in der wirklichkeit vorhandenes, fabelhaftes thier gemeint. man stellt ihn dar als eine grosze, geschuppte und geflügelte schlange mit groszen feurigen augen, einem langen, sich ringelnden schweif, eidechsenartigen krallenfüszen und einem weiten bezahnten rachen, aus dem er eine pfeilspitzige zunge streckt und feuer speit, wie Fafnir schon in der alten Edda. der drache kann drei und mehr köpfe haben. sein heulen schallt weithin. er haust in hölen, wo er auf gold und schätzen liegt und sie hütet. den menschen ist er feindlich und tödtet sie mit seinem feuerathem.«

Umso hübscher ist angesichts all dieser geschilderten Schrecken die Pointe, dass eines der beliebtesten Kindervergnügen im Deutschen *Drachen* (mit einem zusätzlichen N um der Unterscheidung willen) genannt wird, und das schon, seitdem Holländer, Portugiesen und Engländer im 16. Jahrhundert solche Flugspielzeuge aus Asien mitbrachten, wo man sie seit Jahrtausenden kannte. Die Benennung wird einerseits damit erklärt, dass die Drachen bei den Chinesen oft tatsächlich Drachengestalt hatten. Andererseits führt man sie darauf zurück, dass römische Legionen ab 300 n. Chr. als Feldzeichen die Dracostandarte verwendeten, die aus einem stilisierten Drachenkopf und einer im Wind flatternden Tuchröhre bestand.

Ebenfalls antiken Ursprungs ist die *Drachensaat.* Gemeint ist damit heute eine Handlung, die Zwietracht und Unheil bringt. In der Argonautensage, wie sie von Hyginus und Ovid überliefert wird, war damit etwas ganz Konkretes gemeint: Kadmos sät die Zähne eines von ihm erlegten Drachen aus und pflügt sie unter. Daraus wachsen Krieger hervor, die sich gegenseitig erschlagen. Mit den fünf Übriggebliebenen gründet Kadmos die Stadt Theben. Das Wort *Drachensaat* macht dann Gustav Schwab mit seinen »Sagen des klassischen Altertums« 1838 populär. Theodor Mommsen benutzt es 1856 in seiner »Römischen Geschichte« im übertragenen Sinne. Dort schreibt er über die »gleißend übertünchte sittliche und politische Verwesung«, die antike und gegenwärtige Sklavenhaltergesellschaften von innen zerstört: »Erst wenn Nordamerikas Drachensaat reift, wird die Welt wieder ähnliche Früchte zu ernten haben.« Die Drachensaat der Sklaverei ging bekanntlich fünf Jahre später im Amerikanischen Bürgerkrieg auf.

Drohne

Echte Drohnen sind faul. Die männliche Biene, die man früher auch *Tren* oder *Trän* nannte, hat weder einen Stachel, um sich und den Schwarm zu verteidigen, noch kann sie Honig sammeln oder andere Arbeiten verrichten wie es die weiblichen Bienen tun. Ihr einziger Daseinszweck ist die Befruchtung der Königin; nachdem diese erfolgt ist, wird die Drohne zum Sterben aus dem Stock geschafft. Dass es sich um Bienenmännchen handelt, weiß man allerdings erst seit dem 18. Jahrhundert, seitdem gibt es in der Fachsprache der Imker die maskuline Form *der Drohn*, die in unserer von geschlechtergerechter Sprache besessenen Zeit dringend Allgemeingut werden sollte. Schon früher ist den Imkern aufgefallen, dass die *Drohnen* oder *Trenen* nicht gerade Musterbeispiele des Bienenfleißes sind. Seit dem 16. Jahrhundert werden deshalb Faulpelze und Schmarotzer so genannt. Petrus Dasypodius erklärt in seinem Wörterbuch von 1535 das Wort *tren* folgendermaßen: »ein fauler unnützer der ander leut arbeit vergebens nieszet.« Seit dem 17. Jahrhundert setzt sich dann wegen der Verwechslungsgefahr mit *Träne* die niederdeutsche Wortform *Drohne* durch. 1931 dichtete der expressionistische Poet Ehrenstein über die Stadt Wien: »Wien, du kalte alte Hure (...). / Du hurtest hurtig mit Hurradämonen, / Kriegsüber siegerischen Drohnen.«

Im Gegensatz zu ihrem tierischen Namensvorbild ist die *Drohne*, die heute am Himmel kreist, geradezu geschaffen worden, um uns Menschen Arbeit abzunehmen. Das können so unterschiedliche Arbeiten sein wie das Töten von islamistischen Kämpfern und Terroristen in Somalia oder Afghanistan einerseits und die Lieferung einer Pizza oder eines Pakets mit neuen Schuhen andererseits (zumindest, wenn die Zukunftsvisionen von Amazon wahr werden).

Unbemannte fliegende Vehikel, die per Fernsteuerung gelenkt werden, heißen im Englischen seit 1946 *drones*. Der Name soll vom Klang der Motoren früherer Drohnen inspiriert sein. Er hätte dann vielleicht gar nichts mit Bienen zu tun, denn seit dem 16. Jahrhundert nennt man *drone* im Englischen ein konstantes monotones Brummen, wie es die tieferen Register eines Dudelsacks oder auch eine fette Schmeißfliege zustande bringen. Ein Subgenre des Heavy Metal, bei dem monotone Brummbässe und tiefer gestimmte Gitarren den Ton angeben, heißt deshalb auch *drone metal* oder *drone doom*.

Im Deutschen sagt man seit Mitte der sechziger Jahre *Drohne* zu einem unbemannten kleinen Flugzeug. Damals setzten die Amerikaner solche Vehikel der Typen MQM-57 A und QU-22B im Vietnamkrieg ein, und in den Berichten darüber wird das Wort erstmals übersetzt.

Richtig populär wurde *Drohne* hier erst, als die moderne Computertechnologie die Einsatzmöglichkeiten solcher Flugzeuge vervielfältigte. Seit etwa 2000 ist ein steiler Anstieg der Verwendungshäufigkeit des Wortes erkennbar; und das liegt nicht daran, dass Ökobewegte neuerdings wieder gerne Bienen auf dem Balkon halten. Bis in die frühen nuller Jahre wurden Drohnen überwiegend zur Aufklärung genutzt. Die verbesserten Möglichkeiten der Fernsteuerung erlaubten es schließlich, Drohnen zu bewaffnen und für gezielte Tötungen weit im Innern von Feindesland einzusetzen. In der populären Mythologie stellt man sich das so vor, dass ein dicker Soldat in einer amerikanischen Geheimdienstzentrale zwischen zwei Pizzastücken mal schnell einen Al-Qaida-Führer am anderen Ende der Welt erledigt. Das Phänomen hat auch Wörter wie *Drohnenkrieg*, *Drohnenangriff*, *Drohneneinsatz* hervorgebracht. *Drohnenschlacht* nennt man dennoch weiterhin allein die Austreibung der Drohnen aus dem Bienenstock, nachdem diese erfolgreich ihren harten Stachelpenis aus Chitin in die Bienenkönigin eingeführt haben.

In den vergangenen Jahren sind Drohnen dann zum billigen zivilen Massenspielzeug geworden. Überall im Internet sieht man Luftaufnahmen, die mit Drohnen gemacht worden sind. 2016 waren private Drohnen schon zu einer so allgegenwärtigen Plage geworden, dass eine holländische Firma Adler darauf abrichtete, sie in der Nähe von Flughäfen vom Himmel wegzufangen, damit keines der Dinger eine Maschine zum Absturz bringen kann.

Elefant

Nirgendwo haben sich die Elefanten in den letzten Jahrzehnten so vermehrt wie in der *Elefantenrunde.* Während in Afrika die Herden von den Elfenbeinwilderern so dezimiert werden, dass die großen, seit Jahrtausenden das Staunen und den Schrecken des Menschen erregenden Kolosse in einigen Gegenden vom Aussterben bedroht sind, wächst die Zahl der großen Tiere, die an Wahlabenden in den vom Fernsehen übertragenen Elefantenrunden der Parteivorsitzenden sitzen, stetig: In den siebziger Jahren, als das Wort und die Sache aufkamen, nahmen immer nur drei Elefantenbullen von den damals allein im Bundestag vertretenen Parteien SPD, CDU / CSU und FDP teil, später kamen die Grünen dazu, nach dem Mauerfall dann die Linkspartei und schließlich die AfD.

Heute hat sich der Sinn des Wortes fast gänzlich auf die Fernsehdiskussion verengt. Noch in den achtziger Jahren konnte es auch nicht öffentliche Treffen der Parteivorsitzenden der damaligen Regierungskoalition oder gar aller drei großen Parteien meinen. 1985 beschreibt die »Zeit« diese informelle Einrichtung: »Die sogenannte Elefantenrunde, das von der Verfassung nicht vorgesehene, doch anscheinend unvermeidliche Treffen der Vorsitzenden der Koalitionsparteien, hat, da dort meist nur Grundsatzentscheidungen getroffen werden, eine Art Exekutiv-Ausschuss hervorgebracht. Mitglieder: Schäuble (CDU), Stoiber (CSU), Kinkel für die FDP.« Zwei Jahren später nennt das Blatt andere Teilnehmer dieser Sitzungen: »Als FDP-Chef ist Bangemann mit von der Partie, wenn sich zum Beispiel die ›Elefantenrunde‹ Kohl-Strauß-Bangemann trifft.« Der früheste auffindbare Beleg von 1982 benutzt das Wort schon in seiner heutigen Bedeutung. In der Zeitschrift »Der Sprachdienst« schreibt ein Autor über Kritik an den Einflüssen ungewählter Institutionen auf die Politik: »Unsere -kratie wurde mal als Lobbykratie eingeschätzt, mal als Fernsehdemokratie (in der sich Spitzenpolitiker im Aufnahmestudio zur Elefantenrunde versammeln).«

In der Elefantenrunde hilft es den Politikern, ein Elefantengedächtnis zu haben, damit sie nicht ihren eigenen Aussagen von gestern widersprechen – sonst wird aus dieser Mücke ein Elefant gemacht. Im Sommer 2014 sah man Plakate der Tierschutzorganisation WWF, die das Foto eines Elefanten zeigten und den Text trugen: »Am liebsten würde ich vergessen, was meiner Herde angetan wurde. Leider bin ich ein Elefant.« Der Werbetexter konnte voraussetzen, dass die Angesprochenen das Wort *Elefantengedächtnis* und seinen Sinn kennen. Es ist schon ziemlich alt. Bereits am 10. Februar 1904 rühmte sich ein Abgeordneter im österreichischen Reichsrat, er besitze ein Elefantengedächtnis.

Mindestens seit der 20. Auflage von 1991 steht im Duden aber die *Elefantenhochzeit*, die mit »Zusammenschluss von mächtigen Unternehmen« erläutert wird und auch das *Elefantenrennen* mit der Erklärung »langwieriges Überholmanöver zwischen Lastwagen«. Der Ausdruck für den schier endlosen Vorgang, mit dem sich zwei Lastzüge mit Anhänger aneinander vorbeischieben, dabei alle Fahrzeuge hinter ihnen blockierend, existiert sogar schon seit 1965. Da hieß es in der »Zeit«: »Die deutschen Autobus-Reiseunternehmer hoffen, daß in der Sommersaison 1966 für ihre Fahrzeuge eine neue Höchstgeschwindigkeit von 90 oder gar 100 Stundenkilometern behördlich festgesetzt wird, so daß die Reisebusse fortan auch Lastkraftwagen mit der Geschwindigkeitsbegrenzung von 80 Stundenkilometern überholen dürfen. Das aber bedeutet, daß sich auf den deutschen Autobahnen und Straßen die mit Recht so beliebten Elefantenrennen mehren werden.« Die *Elefantenhochzeit* hat Anfang 1973 der Vorsitzende des CDU-Wirtschaftsrates Philipp von Bismarck populär gemacht, der mit diesem Wort die Fusion von Thyssen und Rheinstahl kritisierte, weil sie »Systemveränderern« einen willkommenen Beleg für ihre »Monopoltheorie« liefere.

Diese Rüge wiederum äußerte der damalige Chef des Bundesverbandes der Deutschen Industrie Hans-Günther Sohl, weil er sie gar nicht *elefantös* fand. Das Wort, das auf leicht ironisch gefärbte Weise »unglaublich, toll«, aber auch »überdimensioniert, maßlos« bedeuten kann, gibt es seit den vierziger Jahren. 1941 wird der Satz »Ist ja elefantös« im

»Jahrbuch der Deutschen Sprache« als typisch für den Jargon der Jugend beschrieben. Belauscht hat der Autor allerdings eine ganz bestimmt Gruppe von Jugendlichen: Hitlerjungen.

In deren Kreisen hat der Sprachforscher sich vermutlich nicht aufgeführt *wie der Elefant im Porzellanladen*, denn solche Feldforschungen verlangen, dass man sich fast unsichtbar macht – sonst unterdrücken die Belauschten ihre natürliche Sprache. Die Redensart ist seit 1908 belegt, als ein Abgeordneter im Reichstag das ungeschickte Vorgehen der Polizei dem Spott seiner Zuhörer preisgab: »Aber, meine Herren, es ist die alte Geschichte, die Polizei geht entweder wie der Elephant im Porzellanladen vor (hier vermerkt das Protokoll »große Heiterkeit«, MH), oder aber sie geht – und das haben wir sehr oft bemerkt – wie ein alter blasierter Lebemann vor.« Und 1912 heißt es in der Zeitschrift »Das Freie Wort« über den damaligen Papst: »Und was Pius X. anbetrifft, so tut er in seiner bärenhaft täppischbäurischen Manier, die die Erinnerung an den Elefanten im Porzellanladen geradezu aufzwingt, jedenfalls alles Mögliche, um die schon arg beschädigten Forts der Kirche zu schleifen.« Eine große Bestie, die in einem Geschäft mit zerbrechlichen Waren herumtrampelt, ist auch in anderen europäischen Sprachen der Inbegriff der Plumpheit und Ungeschicklichkeit. Die Franzosen sagen ganz dem deutschen Ausdruck entsprechend *se conduire comme un éléphant dans un magasin de porcelaine*, während die Engländer den Elefanten zugunsten eines Hornviehs entlasten, denn bei ihnen heißt es: *like a bull in a china shop.*

Ente

Heute fürchten sich alle vor Fake News und dem, was diese in einer demokratischen Öffentlichkeit anrichten können. Aber Falschmeldungen in Medien sind kein neues Phänomen. Früher hießen sie *Tatarenmeldungen* oder *Tatarennachrichten*, nach einer verfrühten Siegesmeldung im Krimkrieg, den Engländer und Franzosen 1853–56 gegen Russland führten. Im zweiten Jahr des Konflikts überbrachten berittene tatarische Postkuriere die Meldung nach Bukarest, dass Sewastopol gefallen sei. Die Nachricht beeinflusste Börse und Politik, obwohl die russische Stadt erst ein Jahr später erobert wurde.

Ebenfalls aus der Mitte des 19. Jahrhunderts stammt die *Ente* oder – mit verdeutlichendem Zusatz – *Zeitungsente*. Anfang der 1840er Jahre tritt das Wort in diesem Sinne erstmals im Deutschen auf. Dafür gibt es mehrere Erklärungsversuche. Verworfen wird mittlerweile die Annahme, die Ente habe etwas mit dem Kürzel *nt*, (für lateinisch *non testatum* »nicht bezeugt«) zu tun, mit dem angeblich früher in Zeitungen ungeprüfte Meldungen versehen wurden. Auch glaubt keiner mehr, sie stamme von der *Lugente* ab, zu der in den Polemiken des Reformationszeitalters der *Lügende* verballhornt wurde. Doch die etymologische Bibel Deutschlands, der »Kluge«, hält einen Zusammenhang mit der Redensart *blaue Enten predigen* »Lügen verbreiten« für wahrscheinlich, die noch bei Luther vorkommt. Im »Kluge« wird auch auf die *Entenmäre* »Lügengeschichte« bei Hans Sachs verwiesen.

Gegen diese Herkunft spricht, dass zwischen diesen frühneuhochdeutschen Beispielen und der modernen *Zeitungsente* immerhin 300 Jahre liegen. Wolfgang Fleischer, der Etymologie-Papst der DDR, sieht in der neuen Ente vielmehr eindeutig eine Lehnübersetzung des gleichbedeutenden französischen *canard*. Seine Theorie wird gestützt, wenn nicht gar bewiesen, durch einen Frühbeleg von 1843, den ich gefunden habe. Die von Moritz Gottlieb Saphir herausgegebene Wiener Zeitschrift »Der Humorist« erklärt unter der Überschrift »Die deutsche Zeitungsente« am 19. Oktober des Jahres zum wiederholt gemeldeten Verkauf der Ländereien des Fürsten Pückler: »Die Franzosen nennen bekanntlich das Füllsel, womit sie die Hauptabhandlungen ihrer Blätter umgeben: Enten. Sie halten ganze Schwärme dieses Gefieders vorräthig, türkische, brasilianische, chinesische, spanische Enten. Auch eine große Seeschlange ist darunter, die bald in Norwegen, bald am Missisippi [sic] gesehen wird. Die deutsche Presse bedarf einer solchen verschwenderischen Mannigfaltigkeit nicht. Sie hatte eine einzige, große, gemeinschaftliche Ente, die Herrschaft Muskau in der Lausitz.« Für den französischen Ursprung der Zeitungsente spricht auch, dass *canard* 1843 direkt aus dem Französischen ins Englische entlehnt wurde: »The story of Gaspard Hauser was a ›canard‹«, hieß es da in der »Foreign Quarterly Review«.

Französisch *canard*, das heute noch das Satire- und Enthüllungsblatt »Le Canard enchaîné« stolz im Titel führt (weil es den Anspruch hat, die Enten der anderen in Ketten zu legen), geht zurück auf die Redewendung *vendre un canard à la moitié* (lügen, täuschen, wörtlich: eine halbe Ente als ganze verkaufen). Deutschen Einfluss muss man da gar nicht annehmen. Vielleicht war der Zusammenhang zwischen Ente und Lüge in beiden Ländern naheliegend, solche Redensarten ähneln sich oft in den europäischen Kernsprachen Deutsch, Französisch, Niederländisch und Englisch, zwischen denen schon im Mittelalter Austausch stattfand.

Egal, woher sie kommt – sicher ist, dass die Karriere der *Zeitungsente* im Journalistendeutsch dem französischen Vorbild zu verdanken ist. Paris war um 1850 die Hauptstadt der Welt mit einer sagenhaft vielfältigen, in viele politische und kommerzielle Fraktionen zersplitterten Presse. Dass dort auch gelogen und manipuliert wurde, weiß jeder Leser, der die Karriere von Lucien de Rubempré in Balzacs Roman »Verlorene Illusionen« verfolgt hat.

Berlin stand dem in nichts nach, zumindest aus Sicht der Bayern, die sich vor Propagandameldungen aus Preußen fürchteten. In der Würzburger »Bayerischen Presse« heißt es am 31. August 1850: »Von Berlin aus wird schon wieder eine neue Zeitungsente in die Welt gesendet, die wohl Jedermann nach ihrem wahren Werth würdigen wird.« Schön wäre es, wenn wir heute ebensolche Gelassenheit gegenüber Putins Trollen und ihrem Cyber-Medienkrieg wahren könnten.

Esel

Die Geschichte des Esels ist eine des Niedergangs. Der Esel wurde früher in Südosteuropa und von Ägypten bis Persien als äußerst vornehmes Tier angesehen. Er war das Reittier, auf dem der griechische Gott Dionysos aus Asien kam. Die Jagd auf die wilden Kulane und Onager der asiatischen Steppen galt wegen der Scheu, Schlauheit und Ausdauer der Tiere als größte Herausforderung für Jäger. Der persische Großkönig Bahram V., einer der bedeutendsten Sassanidenherrscher, soll auf der Eselhatz ertrunken sein. Die Methoden des 19. Jahrhunderts schildert Alfred Brehm: »Die Perser reiten gemeinschaftlich zur Jagd aus, stellen sich in Entfernungen von 8–10 Kilometer auf den bekannten Wechseln des Wildesels auf und lösen sich in der Verfolgung desselben ab, bis er ermattet ihnen zur Beute wird.«

Auch der Steppenesel der nordafrikanischen Wüsten, der Vorfahre unseres Hausesels, der um 4000 v. Chr. domestiziert wurde, galt als edles Tier. Brehm schreibt über ihn: »Der Steppenesel wurde von alters her gezähmt und wild eingefangene Tiere wurden fort und fort zur Veredelung der Eselzucht benutzt. Nur bei uns ist der zahme Esel durch fortwährende Vernachlässigung zu einem wahren Krüppel herabgesunken.«

Dieser Prozess war in der Antike, als der Esel im Norden und Westen Europas ankam, schon weit fortgeschritten, sodass bereits in der griechischen und römischen Literatur die Metamorphose eines Menschen in einen Esel als Schande galt. Dem König Midas soll der beleidigte Gott Apollon zwei Eselsohren angehext haben, und im größten Roman der Spätantike – »Der Goldene Esel« von Apuleius – erlebt der in einen Esel verwandelte Held Lucius die seltsamsten Abenteuer.

Der große Tierforscher Brehm malt ein wahres Jammerbild vom Abstieg des Esels:

> »Wenn man den Esel, welcher bei uns zulande zur Mühle trägt oder den Milchkarren zieht, mit seinen südländischen Brüdern vergleicht, könnte man versucht werden, beide als verschiedene Arten anzusehen, so gering ist die Ähnlichkeit zwischen ihnen. Der nordische Esel ist, wie allbekannt, ein träger, eigensinniger, oft störrischer Gesell, welcher allgemein, wenn auch mit Unrecht, als Sinnbild der Einfalt und Dummheit gilt, der südliche Esel dagegen, zumal der ägyptische, ein schönes, lebendiges, außerordentlich fleißiges und ausdauerndes Geschöpf, welches in seinen Leistungen gar nicht weit hinter dem Pferde zurücksteht, ja es in mancher Hinsicht noch übertrifft. Ihn behandelt man aber auch mit weit größerer Sorgfalt als den unsrigen. In vielen Gegenden des Morgenlandes hält

man die besten Rassen so rein wie die des edelsten Pferdes, füttert die Tiere sehr gut, plagt sie in der Jugend nicht zuviel und kann deshalb von den erwachsenen Dienste verlangen, die unser Esel gar nicht zu leisten imstande sein würde.«

Kein Wunder, dass *asinus* schon bei den römischen Komödiendichtern Plautus und Terenz ein Schimpfwort war.

Was die Antike vorbereitet hat, hat das Mittelalter vollendet. Notker von St. Gallen schreibt schon um das Jahr 1000 über einen dummen Menschen: »Er lebet in esiles wise.« Buridans Esel, der sich nicht zwischen zwei gleich großen Strohsäcken entscheiden kann und verhungert, ist das berühmteste Gleichnis der scholastischen Philosophie – auch wenn es dem französischen Logiker Jean Buridan, der im 14. Jahrhundert lebte, vielleicht zu Unrecht zugeschrieben wird.

Bei Luther und Melanchthon wird der Esel schließlich in ihrer 1523 herausgegebenen Flugschrift »Vom Bapstesel zu Rom« zum Inbegriff aller Sünden, die der Borgia-Papst Alexander VI. begangen hatte. Anlass war die angeblich im Tiber bei Rom gefundene Statue, die ein Fabelwesen zeigt, das einen Eselskopf hatte, den Rumpf einer Frau, schuppige Arme und Beine, Ochsenhufe und Adlerklauen als Füße, eine bärtige Teufelsmaske über dem Hinterteil und einen Schweif, der in einen Drachenkopf ausging. Dieses Wesen ist in der Flugschrift durch einen Holzschnitt dargestellt.

Ein fast schon harmloser Nachhall jener Dämonisierung

und Verleumdung sind die Eselskappe und der Schandesel, die bis ins 19. Jahrhundert in deutschen Pauk-Instituten zur Demütigung schlechter Schüler eingesetzt wurden. Aus dieser Welt stammt der Ausdruck *Eselsbrücke* für eine Merkhilfe, mit der sich eine vom Lehrer gestellte Aufgabe leichter lösen lässt.

Doch Vorsicht! Früher verstand man unter *Eselsbrücke* auch noch etwas anderes. Beispielsweise den Satz des Pythagoras, wie eine Erinnerung des Schwaben Justinus Kerner aus dem Jahre 1849 beweist: »Mein Bruder Carl mühte sich ab, mir Unterricht in der Mathematik zu geben; aber er konnte mich nicht weiter als zur sogenannten Eselsbrücke, dem pythagoräischen Lehrsatze bringen.« In Röhrichs Lexikon steht noch 1991, in Österreich werde der Satz des Pythagoras so genannt. Dazu passt eine Stelle aus den 1922 posthum erschienenen Erinnerungen des österreichisch-ungarischen Komponisten Carl Goldmark (1830–1915): »So auch die bekannte Eselsbrücke, den Pythagoreischen Lehrsatz: das Quadrat über der Hypotenuse ist gleich der Summe der Quadrate über den beiden Katheten.« Meistens wird das Wort jedoch auch in österreichischen Zeitungen schon in der ersten Hälfte des 20. Jahrhunderts im heute gängigen Sinne von »Lernhilfe« gebraucht.

Die Lage ist verwirrend. Denn mathematische Fachleute nennen *pons asinorum* eigentlich nicht den Satz des Pythagoras, sondern die fünfte Proposition im 1. Buch der »Elemente« des Euklid. In der geht es um die Gleichheit der Basiswinkel im gleichschenkligen Dreieck. Das kann man schon mal mit dem pythagoreischen Theorem verwechseln. Die Enzyclopædia Britannica schreibt dazu, dass Euklids Proposition im Mittelalter so genannt wurde, weil sich hieran die mathematisch Begabten von den Ahnungslosen schieden. Wer den Beweis nicht verstand oder nicht einmal seine Notwendigkeit einsah, der konnte die Brücke zum höheren Wissen nicht überqueren. Für die mittelalterlichen Schuljungen sei hier meist tatsächlich das Ende der Beschäftigung mit Euklids »Elementen« gekommen. Der Schulausdruck geht zurück auf die sehr alte, von Plinius in die Welt gesetzte Legende, der Esel könnte keine Brücke überschreiten, zwischen deren Planken man das Wasser sehen kann.

Im Sinne von »Hilfsmittel für Dumme« wird *pons asinorum* ebenfalls erstmals im Mittelalter gebraucht. Der christliche griechische Philosoph Johannes Philoponus, der von etwa 490 bis 570 in Alexandria lebte, entwarf ein Diagramm, das schematisch darstellte, welche weiteren Schlüsse anhand bestimmter zuvor erfolgter Schlussfolgerungen möglich sind. Angeblich soll ausgerechnet Jean Buridan mit einer Variante des Philoponus-Diagramms als Eselsbrücke den schlichteren unter seinen Philosophiestudenten in Paris die Methoden der Logik nahegebracht haben.

Sicher nachweisbar ist *pons asinorum* für eine solche logische Figur aber erst um 1480 bei Petrus Tartaretus, der Rektor der Pariser Universität war, wie Carl von Prantl in seiner »Geschichte der Logik« schreibt. Allerdings macht Tartaretus schon klar, er habe den Ausdruck nicht erfunden, sondern die Figur werde gewöhnlich bei denen, die schwer von Begriff seien, *Eselsbrücke* genannt (»figura, quae communiter propter eius apparentem difficultatem pons asinorum dicitatur«).

Auf diesen Gebrauch von *Eselsbrücke* in der Logik spielt noch die älteste von mir entdeckte Fundstelle des Nomens in einem deutschen Text an. In der 1705 erschienenen »Ausführlichen Lebens-Beschreibung Carls des XII., Königs in Schweden« von einem anonymen Autor, der sich »S. F.« abkürzte, heißt es: »Gewiss sey, dass einem Soldaten am nötigsten sey, die Exerzitia bewaffnet bey einer Armee zu lernen; nicht in den Kalmeuser Zimmern, noch auf der Eselsbrücke der Logicorum.«

Im weiteren Verlauf des 18. Jahrhunderts nimmt *Eselsbrücke* allmählich seinen heutigen Sinn an. 1731 erscheint eine anonyme Schrift namens »Antwort-Schreiben an einen Dorff-Pfarrer wegen einer in der Nachbarschafft wieder neuerlich enstandener Glaubens-Irrung«. Darin ist von einem lauen Christen die Rede, der nicht mit dem Herzen glaubt, sondern der stattdessen »nach der lahmen Krücke und abgestohlnen Wort, der nach der Eselsbrücke, der äußern Schaalen Schrifft, nach Bibel-Wissenschafft, Nach Tönen, Wind und Rauch und äußern Christus gafft«.

Den Schulalltag erreicht die *Eselsbrücke* spätestens in der zweiten Hälfte des 18. Jahrhunderts. Der Aufklärer Friedrich Nicolai fragt 1785 in der »Allgemeinen Deutschen Bibliothek«, wem Übersetzungen von Zitaten und Bruchstücken aus antiken Klassikern nützen könnten: »Höchstens dem faulen Schulknaben, der sich nach einer sogenannten Eselsbrücke umsieht, um seinen Lehrer betrügen, und die ihm aufgegebne Uebersetzung mit aller Gemächlichkeit abschreiben zu können.« Und 1789 wird das Wort im »Ausführliches und möglichst vollständiges deutsch-lateinisches Lexicon« von Immanuel Johann Gerhard Scheller dann ganz klar als »Hülfsmittel der Faulen« definiert.

Wenn heute Schüler oder Lehrer von einer *Eselsbrücke* sprechen, dann denken sie allerdings vermutlich eher an eine Brücke, die es sogar Eseln leicht macht, schwieriges geistiges Gelände zu durchqueren und ahnen nicht, dass der Ursprung der Redensart im fast 2000 Jahre alten naturwissenschaftlichen Irrtum des Plinius begründet ist, der bei seiner Wanderung durch die europäische Geistesgeschichte etliche Mutationen durchlaufen hat.

Falke

Auch der Falke hat einen ziemlichen Absturz erlitten. In einem der schönsten und berühmtesten Gedichte des deutschen Mittelalters war er ein Symbol für die Liebe, nun ist er in der Sprache zweitklassiger Zeitungsfloskelisten Sinnbild des Krieges.

Im »Falkenlied« des Dichters Der von Kürenberg aus dem 12. Jahrhundert trauert eine Frau um den entflogenen Geliebten: »Ich zôch mir einen valken mêre danne ein jâr. Dô ich in gezamete, als ich in wolte hân, und ich im sîn gevidere mit golde wol bewant, er huop sich ûf vil hôhe und vlouc in anderiu lant.« Dass hier in Wirklichkeit ein Mensch gemeint ist, macht der Schlusssatz klar: »Got sende si zesamene, die geliep wellen gerne sîn.« Die Jagd mit dafür abgerichteten Falken war im Mittelalter die vornehmste Vergnügung der gehobenen Stände. Sogar ein Kaiser hat ihr ein Buch gewidmet: Friedrich II. schrieb »De arte venandi cum avibus«. Das Werk enthält neben einer Einführung in die Vogelkunde Anleitungen zu Aufzucht, Dressur und Verwendung der Jagdfalken. Den Geliebten mit einem so kostbaren Vogel zu vergleichen, war ein bisschen so wie ihn *Schatz* zu nennen.

Auch Kriemhild sieht ihren Siegfried im »Falkentraum« des Nibelungenliedes (für dessen Autor manche den Kürenberger halten) als *Falken*, der von zwei Adlern zerrissen wird.

Heute kennt man *Falken* vor allem aus dem Jargon der Leitartikler: Sie nisten, wenn man den Polit-Ornithologen glauben darf, bevorzugt im Pentagon, im Kreml und in Israel und streiten ewig mit den *Tauben* über Krieg und Frieden. Der Ausdruck ist eine Übernahme aus dem Englischen. Dort werden mindestens seit dem 16. Jahrhundert immer mal wieder Menschen, denen man Raubgier oder Kampflust nachsagt, als *hawks* bezeichnet. Im engeren heutigen Sinne – »Politiker, der zu Kriegshandlungen geneigt und eine aggressive Strategie gegenüber feindlichen Nationen befürwortet« – wird es dort seit der Kubakrise gebraucht. 1962 ist es erstmals in der »Saturday Evening Post« belegt, die den Streit um das richtige Vorgehen gegenüber Kuba innerhalb der amerikanischen Regierung so beschreibt: »The hawks favored an air strike to eliminate the Cuban missile bases … The doves opposed the air strikes and favored a blockade.« Während des Vietnamkrieges wurde es dann allgegenwärtig.

Hawk oder *Falke* sind typische Wörter des Kalten Krieges, in dem Kreml-Astrologen immer zu ergründen versuchten, wer nun gerade in Moskau zu den *Falken*, also den Gegnern einer Entspannungspolitik gehörte. Auf links denkender Seite, wo man die Bedrohung des Weltfriedens eher von Washington ausgehen sah, titulierte man so dagegen Leute wie die Präsidenten Nixon und Reagan, den Außenminister

Kissinger, den Präsidentenberater Zbigniew Brzeziński und den NATO-Oberbefehlshaber Alexander Haig.

Nach Deutschland kommt der neue Ausdruck Mitte der sechziger Jahre: Im August 1964 erzählt der »Spiegel« in einer Serie namens »Sieben Tage drohte Weltkrieg III« die Geschichte der Kubakrise nach. Dort heißt es über die Mitglieder von Kennedys Kriegskabinett: »Bisherige Berichte versuchten stets, die Teilnehmer an den Beratungen in Vertreter einer harten oder weichen Linie – oder, wie ein polemischer Bericht es tat, in ›Falken‹ und ›Tauben‹ – einzuteilen. In Wahrheit wechselten einzelne Teilnehmer unter dem Eindruck neuer Informationen oder aufgrund verschiedenster Gegenargumente ständig ihre Position.« Anfang 1966 taucht das Wort dann plötzlich mehrfach in der »Zeit« auf, die ihren Lesern im Februar des Jahres erklärt: »Die sogenannten ›Falken‹ (Außenminister Rusk, Verteidigungsminister McNamara, Exgeneral Taylor, die in Vietnam hart bleiben wollen) müssen sich weiterhin von den ›Tauben‹ picken lassen, jener konzessionsbereiten Gruppe, die sich um Senator Fulbright schart.«

Seit dem Ende des Kalten Krieges und der diversen Irakkriege wird *Falke* vor allem im Zusammenhang mit Israel gebraucht, dem insbesondere in notorisch einseitig »israelkritischen« Medien wie der »Süddeutschen Zeitung« oder dem »Spiegel« unterstellt wird, größtes Hindernis auf dem Weg zum Friede auf Erden zu sein. Ohne das statistisch beweisen zu können, habe ich den Eindruck, dass Falken in solchen Leitartikeln viel häufiger gesichtet werden als Tauben. Vielleicht liegt es daran, dass wir alle Tauben sind, die selbstverständlich den Frieden für das höchste Gut achten und ständig vor den Falken warnen wollen.

Darüber ist heute fast vergessen, dass *Falke* auch auf der linken Seite des politischen Spektrums mal einen guten Klang hatte: *Rote Falken* nannte sich seit den zwanziger Jahren ein der SPD nahestehender Jugendverband, der aus den Kinderfreunden und der Sozialistischen Arbeiterjugend hervorgegangen war. Paradoxerweise kam ihnen das *Rot* im Namen in Deutschland abhanden, während der Verband vor allem nach 1968 inhaltlich immer linker und SPD-kritischer wurde. In Österreich, wo der Name *Rote Falken* 1925 aufgekommen war, heißt die Jugendorganisation noch immer so.

Der Name *Falken* war natürlich ein später Nachhall der um 1900 gegründeten Wandervogelbewegung, in der ornithologische Metaphorik allgegenwärtig war. Er wurde zunächst von Rechten beansprucht: Der Schriftsteller Wilhelm Kotzde-Kottenrodt gründete 1920 zusammen mit einigen anderen Wandervögeln den »Bund der Adler und Falken«. Sie orientierten sich an völkischem Gedankengut und strebten eine »Erneuerung des deutschen Menschen« unter Ausschluss »artfremder Elemente« an. Die Truppe wurde nach 1933 mit sanftem Zwang in die Hitlerjugend integriert.

Die Falken-Terminologie der Wandervögel und jungen Sozialisten knüpft an ganz alte Vorstellungen von der Wachsamkeit und Scharfäugigkeit der Falken an. Der Vogel kann von hohen Türmen aus winzige Beutetiere erspähen. Schon im »Tristan« des Gottfried von Straßburg heißt es: »Sie liez ihr ougen umbe gân als der valke ûf dem aste«. Seit dem 17. Jahrhundert existiert das Wort *Falkenauge*. Es ist ein Lieblingswort Alfred Brehms, der von allen Tieren die Vögel am besten kannte (schon sein Vater war ein bedeutender Ornithologe). Mal sagt er den Afrikanern nach, den zivilisationskurzsichtigen Weißen mit solchen Sehwerkzeugen überlegen zu sein, mal den Indianern. Und *Falkenauge* (im Original *Hawkeye*) war auch ein Beiname von Natty Bumppo, dem Helden aus James Fenimore Coopers »Lederstrumpf«-Romanen, die seit den zwanziger Jahren des 19. Jahrhunderts gleich nach ihrem Erscheinen in den USA ins Deutsche übersetzt wurden. Seitdem hat das Wort für Hellhörige einen Beiklang von Abenteuer, Wildnis und Edelmut.

Frosch

No jokes with names! Aber das wichtigste und klügste Buch über Frösche als kulturelles Symbol stammt ausgerechnet von einem Mann, der Bernd Hüppauf (!) heißt. Der schreibt in »Vom Frosch« unter anderem darüber, wie diese Amphibien seit den achtziger Jahren zusammen mit den Kröten zu Symboltieren der Ökologie wurden: »Sie machen Werbung für saubere Luft, reines Wasser, ein Automodell, Reinigungsmittel. Einige werben für Reisen in exotische Länder und andere für die Rettung der Regenwälder, die ungestört weiter abgeholzt werden.« Dieser »Ökofrosch« ist doppeldeutig: »Gleichzeitig mit dem kommerzialisierten Frosch entsteht der Frosch der Umweltkatastrophe. (…) Frösche sterben. Aber das Sterben der Frösche ist nicht die eigentliche Bedrohung, sondern der Tod des Tiers signalisiert den Tod der Natur.«

Hüppauf erinnert in seinem Buch daran, welche Rolle der Frosch einst bei der Etablierung jener Naturwissenschaften gespielt hat, die uns zwar viel Gutes, aber eben auch die Zerstörung der Umwelt eingebrockt haben: Lebende Frösche wurden aufgeschnitten oder sonstwie mit speziellen Instrumenten gefoltert, um der »tierischen Elektrizität« auf die

Spur zu kommen, die der Italiener Luigi Galvani 1780 zufällig entdeckt hatte, als er bemerkte, dass Muskeln an abgeschnittenen Froschschenkeln sich immer dann zusammenzogen, wenn diese mit einer Kupfer-Eisen-Verbindung in Berührung kamen. In Hüppaufs Buch ist ein grauenvolles Froschbrett abgebildet, auf dem ein lebender Frosch für solche Quälereien fixiert werden konnte und das, in Massen hergestellt, offenbar zur Standardausrüstung vieler Labore gehörte: Das einfache Modell aus Holz gab's für 2,20 Mark, das Froschbrett mit Knieklemme für 80 Mark und der »Froschpanzer nach Boehm« schlug gar mit 115 Euro zu Buche.

Die Wissenschaftler, die so etwas taten, musste man offenbar nicht lange ermuntern: *Sei kein Frosch!* Die Redensart mit der Bedeutung »Zier dich nicht so!«, die sich seit etwa 1900 in so unterschiedlichen Quellen wie den Memoiren des »Seeteufels« Graf Luckner, in einem »Nesthäkchen«-Roman von Else Ury und in der »Vossischen Zeitung« nachweisen lässt, spielt auf die Schreckhaftigkeit der Tiere an, die beim Nahen eines Menschen schnell davonhüpfen.

Ebenfalls seit der ersten Hälfte des 20. Jahrhunderts ist die Wendung *einen Frosch im Hals haben* gebräuchlich als Umschreibung für »heiser sein« oder »aus Gehemmtheit nicht sprechen können«. Sie rührt sehr wahrscheinlich her von dem medizinischen Fachbegriff *ranula* (»Fröschlein«) für die Mundbodenzyste, eine mit Speichel gefüllte Blase, die tatsächlich etwas von einem aufgeblasenen Froschhals hat. Im Englischen gibt es ebenfalls die Wendung *to have a frog in one's throat*, und *froggy* heißt »heiser«. Andererseits braucht die Idee, dass der Kloß, den wir bei unangenehmen Situationen im Hals spüren, eine ekelhafte Amphibie ist, gar keine Vermittlung durchs Gelehrtenlatein, wie der Ausdruck *eine Kröte schlucken* beweist.

Vom *Wetterfrosch* reden wir mindestens schon hundert Jahre länger. Zunächst war damit ganz konkret der Laubfrosch gemeint, dem man nachsagte, er würde bei Wetterveränderungen auf einer kleinen Leiter herumklettern, wenn man ihn im Glas gefangen halte. So steht der Ausdruck im Wörterbuch von Campe 1811. Älter ist die Bedeutung »Frösche, die nach einem Regen in Menge zum Vorschein kommen, sodass schlichte Gemüter glauben, sie wären mit dem Regen vom Himmel gefallen«. An sie ist wohl zu denken, wenn in Kaspar Stielers Wörterbuch 1691 *Wetterfröschlein* steht. Als Metapher für einen Menschen, der weiß, woher politisch der Wind weht, ist der Ausdruck seit Mitte des 19. Jahrhunderts im Gebrauch. Heinrich Heine schreibt in seinem Paris-Buch »Lutetia« über den Baron Rothschild, der sein Riesenvermögen mit Aktienspekulationen zum Teil auf der Basis von Insiderwissen gemacht hat: »Herr von Rothschild ist in der Tat der beste politische Thermometer; ich will nicht sagen Wetterfrosch, weil das Wort nicht hinlänglich respektvoll klänge.«

Meteorologen bezeichnet man seit dem Ersten Weltkrieg als *Wetterfrösche.* Den frühesten Beleg habe ich für das Jahr 1916 gefunden. Da erscheint in einer Soldatenzeitung das Gedicht »Der Wetterfrosch«, in dem ein Luftschiffer sich selbst so bezeichnet und sagt: »Laubfrosch nennt man dieses

Tier; / Das sind wir, / Voll Wissbegier / Stets das Wetter anzusagen / Eh' der Tag es wagt, zu tagen. Tag und Nacht und früh um vieren / Sieht man uns herumprobieren, Petrus in den Kram zu pfuschen.« Für Luftschiffer war die Wetterbeobachtung aus zwei Gründen wichtig: weil der Wind sie vom Kurs abbringen konnte und weil ein Blitz die mit Wasserstoff gefüllten Ballons in Brand setzen konnte. Ein Jahr später wird in der Beilage »Deutsch-Amerika« der New Yorker Staatszeitung in einer kleinen Erzählung ein Gespräch unter Zeppelinfahrern wiedergegeben, bei dem einer rät, die Wetterlage zu berücksichtigen. Als die Kameraden ihn unterbrechen, heißt es: »›Lass ihn doch ausreden, den Wetterfrosch!‹ beruhigte ihn der Hauptmann wieder.« Richtig häufig taucht der Ausdruck dann allerdings erst in der Fliegersprache des Zweiten Weltkriegs auf.

Wenn der Wetterfrosch auf dem Boden des Glases hockt oder auf dem Froschbrett das Seziermesser auf sich zukommen sieht, betrachtet er die Welt aus der *Froschperspektive.* Dieser Begriff wird im 19. Jahrhundert zunächst in der Kunsttheorie gängig. Friedrich Theodor Vischer erklärt 1854 in seiner »Ästhetik oder Wissenschaft des Schönen«, bei der Froschperspektive liege der Sehpunkt niedriger als die dargestellten Gegenstände, bei der Vogelperspektive höher. Bei Wilhelm Raabe und erst recht bei Otto Julius Bierbaum, der einen ganzen Roman – »Stilpe« – 1897 erklärtermaßen »aus der Froschperspektive« schreibt, bekommt das Wort einen ironischen Ton von Beschränktheit, aber auch von sozialem Realismus.

Karl Kraus münzt es dann 1911 in der »Fackel« endgültig zur politischen Metapher: »In der Perspektivlehre heißt der Gesichtspunkt der Oberklasse Vogelperspektive und der Gesichtpunkt [sic] der Unterklasse Froschperspektive. Es ist ja klar, daß sich die Sache nicht ebenso ausnimmt, wenn man sie von oben oder von unten sieht.« Die *Froschperspektive*, die heute als politische Metapher eher einen schlechten Klang hat, ist manchmal der realistischere Blickwinkel. Kein Wunder, dass Ökologen und Naturschützer sie neuerdings, wie von Hüppauf beschrieben, ganz gezielt einnehmen, um aus der Sicht eines dünnhäutigen Sumpftieres Gefahren wahrzunehmen, die man weiter oben vielleicht erst bemerkt, wenn es zu spät ist.

Glucke

Die Glucke ist keine Rabenmutter: Das weibliche Huhn, das seine Küken schützend unter das Gefieder nimmt, um es vor Feinden oder vor Kälte zu bewahren, gilt als Inbegriff der Mutterliebe. Und als solches ist es von Anfang an Sinnbild für die Kirche: »Wie das Hünlein unter den Fittichen seiner Glucken, so nimmt der Glaube seine Ruhe in den Wunden Jesu«, schreibt der große protestantische Prediger und Erbauungsschriftsteller Heinrich Müller in den sechziger Jahren des 17. Jahrhunderts in seinem Trostbüchlein »Geistliche Erquickungsstunden«.

Die Vorstellung von Jesus als Henne geht auf die Bibel Luthers zurück, der den Vers Lukas 13,34 so übersetzte: »Jerusalem, Jerusalem, die du tötest Propheten vnd steinigest, die zu dir gesand werden. Wie offt habe ich wollen deine Kinder versamlen wie eine Henne jr Nest unter jre flügel, Vnd jr habt nicht gewolt?« Bei Matthäus 23,37 schrieb Luther: »Wie offt habe ich deine Kinder versamlen wöllen, wie eine Henne versamlet ihre Küchlin vnter jre Flügel?« Im griechischen Original steht da schon das Wort ὄρνις (ornis), das »Vogel« oder »Huhn« bedeutet, und in der lateinischen Vulgata wird die Matthäus-Stelle mit *gallina* und Lukas mit *avis* übersetzt. Noch im frühen 18. Jahrhundert dichtete der evangelische Kirchenlieddichter Benjamin Schmolck über Jesus: »Du wilst noch heute locken, du holde Glucke du. Drum lasz uns nicht verstocken, und führ uns selbst herzu, dasz unter deinen Flügeln wir stets versammlet stehn.«

An dieses Bild von Jesus als Henne knüpfen übrigens immer wieder Versuche an, die Bibel in geschlechtergerechter Sprache zu übersetzen und auszulegen. Von Konservativen wurde der 2006 erschienenen »Bibel in gerechter Sprache« vorgeworfen: »Gott ist keine Henne.« Offenbar sah Jesus das etwas differenzierter. Aber was wusste der schon von Gott – er war ja nur sein Sohn.

Im 18. Jahrhundert ist *Glucke* dann auf eine Frau übertragen worden, die viele Kinder hat und sie besonders fürsorglich betreut. Gottfried August Bürger schreibt an seine Schwägerin Anna Elderhorst: »Ich umarme dich herzlich, liebe Glucke.« Wie man sieht, hat das Wort damals noch etwas ganz Zärtliches, während heute fast immer ein ironischer Ton mitschwingt, wenn man eine Frau so bezeichnet – genau wie beim Verb *glucken*. Weil die Henne beim Brüten lange stillsitzt und dabei ihre Glucklaute von sich gibt, nahm es die Bedeutung »bewegungslos hocken« an. Im zweiten Band des Wörterbuchs von Johann Heinrich Campe berichtet dessen eigentlicher Autor Theodor Bernd (Campe schrieb nur die Vorwörter) 1808, *glucken* haben landschaftlich die »uneigentliche« Bedeutung »den ganzen Tag ruhig sitzen bleiben und nicht aufstehen wollen«. Wilhelm Tieck beklagt sich 1828 über die Zerstreuung, die ihn manchmal vom Schreiben abhält: »Husch, rennen die übrigen Gedanken in den Winkel und sitzen gluckend wie die brütenden Hühner da.«

Heute hat das Verb auch einen konspirativen Klang: Wer zusammengluckt, dem wird unterstellt, er brüte Machenschaften aus oder wolle doch zumindest andere ausschließen aus der trauten Runde. So lässt die Schriftstellerin Kerstin Jentzsch 1994 in ihrem Roman »Seit die Götter ratlos sind« eine Ostdeutsche sagen: »Die Wessis glucken sowieso den ganzen Tag zusammen.« Das psychologische Phänomen, das sich in solchen Sätzen ausdrückt, könnte man wohl Nestwärmeneid nennen.

Hahn

Hähne, die verkauft werden sollten, trug man früher im Korb zum Markt, und auch bei Hahnenkämpfen wurden die Tiere den Wettenden vor Beginn im Korb präsentiert. Die Redensart *Hahn im Korb sein* für den einzigen Mann unter lauter Frauen oder für einen anderen Mann in herausgehobener Stellung könnte also vom Vergleich mit diesen besonders angepriesenen Tieren herrühren. Dafür spricht, dass der Spruch zunächst bei den üblichen Verdächtigen Hans Sachs und Johann Fischart in der viel klareren Form *der beste Hahn im Korbe sein* steht. Vielleicht rührt die Wendung aber auch daher, dass *Hahn* »Penis« bedeuten konnte und *Korb* »Bett«. Der beste Hahn im Korb wäre dann einfach der Mann, der den größten Penis am geschicktesten einzusetzen versteht.

Eindeutiger ist der *Hahnrei* dem Bereich des Sexuellen zuzuordnen. *Hanerei* oder *hanerey* nannte man seit dem 15. Jahrhundert zunächst im Niederdeutschen die Kapaune, also Hähne, die man kastriert hatte, damit sie fett werden. Der zweite Wortbestandteil hinge dann mit dem niederländischen *ruin* »verschnittenes Pferd« zusammen. Eine Zwischenstufe wäre ostfriesisch *hanrune* »Kapaun, betrogener Ehemann«.

Ein Jahrhundert später dringt *hanrey* oder *hanreh* dann ins Frühneuhochdeutsche ein. Den Kapaunen schnitt man auch die Sporen ab und setzte sie ihnen in den Kamm, wo sie festwuchsen. Sie bildeten eine Art Hörner, mit deren Hilfe diese Tiere auf dem Hühnerhof von den anderen Tieren zu unterscheiden waren. Bedenkt man, dass ein *Hahnrei* einer ist, dem seine Frau *Hörner aufsetzt*, passt beides gut zusammen.

Allerdings bezeichnete *Hahnrei*, als es auf Menschen übertragen wurde, zunächst den Ehebrecher und nicht den Betrogenen. Vielleicht weil man den *Hahnrei* anfangs im nicht-niederdeutschen Sprachraum als *Hahnreiter* verstand – also jemanden, der mit seinem großen Hahn zwischen den Beinen kam, um jemand anders zu hörnen. Dazu passt ein Kupferstich aus dem Jahre 1650, auf dem der Hahnreiter dem Betrachter aggressiv und höhnisch jene Geste mit der Faust zeigt, bei der Daumen und kleiner Finger vorgestreckt werden und die heute unter Metal-Fans als Satansgruß beliebt ist.

Die Redensarten, in denen der Hahn vorkam, waren früher zahlreicher. Der Vogel galt wegen der damals auch in Mitteleuropa üblichen Hahnenkämpfe als Inbegriff der Kühnheit, und so nannten Thomas Murner oder Geiler von Keyserberg einen kecken Kerl *Hahn*. Heute ist von diesem Komplex nur noch *ihm schwillt der Kamm* übrig geblieben sowie der *Gockel*, ein Wort, mit dem Hahnenverhalten bei Menschen ins Lächerliche gezogen wird.

Es ist aber nicht so, dass nach dem Hahn kein Hahn mehr kräht. In der Redensart *Da kräht kein Hahn nach* ist *nach* nicht zeitlich, sondern im Sinne von »deswegen« zu verstehen. 1534 gebraucht sie schon Luther, um die Geldverschwendung beim Spiel zu beschreiben: Tausend Gulden für einen einzigen gewonnen seien »verfaulwitzt, da krehet kein Hahn nach«. Dieses Sprachbild hat wohl keinen sagenhaften Hintergrund und auch nichts mit dem biblischen Hahn zu tun, der krähte, nachdem Petrus Jesus dreimal verleugnet hatte. Sie besagt einfach, dass nicht einmal der Hahn auf dem Mist wegen einer so unbedeutenden Sache Alarm schlagen würde.

Mehr Aufregung löst der rote Hahn aus. *Einem den roten Hahn aufs Dach setzen* ist eine heute etwas aus der Mode gekommene Wendung für »jemandem das Haus anzünden«. Man findet sie Frühneuhochdeutsch seit dem 16. Jahrhundert, und laut dem großen Etymologen Friedrich Kluge rührt sie her von einem Zinken, einem Gaunerzeichen für die Brandstiftung. Dieses habe einen mit Rötel gezeichneten Hahn dargestellt. Zwar ist angezweifelt worden, dass Brandstifter ihre Opfer mit solchen Zeichen geradezu gewarnt hätten, aber andere Forscher haben daran erinnert, dass es in Fehdebriefen üblich war, einschüchternde Zeichen wie Armbrüste oder Schwerter neben den drohenden Text zu malen – warum also nicht auch einen roten Hahn.

Eigentlich braucht *der rote Hahn* solche Erklärungen gar nicht. Die Ähnlichkeit des rötlich hochflammenden Feuers auf einem mit leicht brennbarem Material gedeckten Dach mit einem aufgeregt flatternden roten Hahn könnte in früheren Zeiten, als diese Tiere noch allgegenwärtig waren und auch hoch auf die Dächer flatterten, ganz unmittelbar aufgefallen sein.

Deutlich weniger ähnlich sind sich das männliche Huhn und der *Wasserhahn*. So nennt man bekanntermaßen die Vorrichtung, mit der man am Ende einer Leitung Wasser fließen lassen und wieder stoppen kann. Ursprünglich war damit nur der Griff einer solchen Armatur gemeint und das Element, mit dem man das Rohr beim Drehen innen verschloss, heißt bis heute *Küken*. Sowohl *Hahn* als auch *Wasserhahn* im genannten Sinne stehen um 1780 in den Büchern »Abhandlung von Feuersprützen« sowie »Allgemeines Baulexicon«, in welchem auch »Hydrotechnik und Hydraulik« behandelt werden. Der Autor Lukas Vochs war Ingenieur und Architekt und sammelte in zahlreichen Nachschlagewerken das Fachwissen der Zeit. In die Allgemeinsprache gelangten *Wasserhahn* und *Hahn* aber erst deutlich später. Sie fehlen noch 1811 im Wörterbuch von Adelung, obwohl im technischen Jargon und sogar im Roman »Siebenkäs« von Jean Paul schon vor 1800 Zusammensetzungen wie *Bier-Hahn* (heute würden wir *Zapfhahn* sagen) nachweisbar sind.

Hai

Der Hai verdankt seine Karriere in der deutschen Sprache der Abenteuerliteratur und dem Kino. Menschenfressende Haie – und das sind die einzigen, die uns als Metaphernlieferanten interessieren – gibt es in unseren Breiten nicht. Sehr wahrscheinlich kamen sie im Seemannsgarn der Walfänger und anderer Weltumsegler vor, aber das waren Minderheiten, die lange keine Spuren in der deutschen Standardsprache hinterließen.

Die Niederländer waren schon früher weiter rumgekommen, und von ihnen übernahmen die Deutschen im 16. Jahrhundert das Wort *Hai*, das mit dem altnordischen *har* verwandt ist. Im 18. Jahrhundert wird es dann verdeutlichend zum *Haifisch* verlängert. Das *har* der Wikinger bedeutete außer »Hai« auch »Pfahl« und später »Kesselhaken«. Kluges »Etymologisches Wörterbuch« vermutet deshalb, dass der Fisch nach seiner hakenförmigen Rückenflosse benannt sei.

In der Nordsee leben immerhin elf Haiarten, aber keine davon frisst Menschen. Im Gegenteil: Menschen haben einige dieser Haie lange gerne verzehrt, die *Schillerlocken*, also die geräucherten Bauchlappen des Dornhais, galten als Delikatesse. Heute sind sie aus den Fischgeschäften verschwunden, denn der Dornhai ist vom Aussterben bedroht und steht unter Schutz.

Erst Ende des 19. Jahrhunderts wird der Hai zu dem, was er heute ist: Inbegriff eines zwielichtigen Kapitalismus. Als *Haie* werden Anwälte, Stellenvermittler und Bauernfänger bezeichnet oder – wie es in Friedrich Kluges »Wörterbuch der Seemannssprache« von 1911 heißt: *Hai* wird, nach dem Vorbild des englischen *Shark*, eine »Bezeichnung für Betrüger, Seelenverkäufer und schmutzige Advokaten«. Dieses Gelichter gilt den Matrosen geradezu als *Landhai*, und dieses Wort kommt nun vermehrt in der Literatur vor. Bei Friedrich Gerstäcker wird in der 1871 erschienenen See-Erzählung »Verhängnisse« ein junger Anwalt betrunken auf ein Schiff verschleppt und dort zum Dienst gezwungen. Als er einem alten Matrosen erklärt, dass er eigentlich zu gar nichts nutze sein könne, weil er Jurist sei, lacht ihn dieser aus: »Einen Advokaten gefangen? – einen Landhai – das ist kostbar – na, wenn das die Mannschaft erfährt, dann darfst du dich aber auf einen Spaß all around gefaßt machen – einen Landhai an Bord! Was zum Hellen Teufel hat dich denn aber da in eine Matrosenjacke gebracht, mein Junge?« Bereits der 1864 gestorbene Charles Sealsfield – eigentlich ein entlaufener österreichischer Jesuit namens Karl Anton Post, der sich länger in den USA aufgehalten hatte – lässt in seiner Geschichte »Das blutige Blockhaus« einen Mann über die Zustände in Louisiana sagen: »Ganze Schwärme von Abenteurern und sogenannten Landsharks – Landhaifischen, wie sie die Landspekulanten nannten – waren aus dem Norden wie Heuschrecken angekommen, waren in Gehöfte, Pflanzungen, Häuser und Hütten gedrungen, nach Ländereien schnüffelnd.«

Brecht hat dann mit seinem Lied über den Haifisch, der die Zähne im Gesicht trägt – anders als Mackie Messer, dessen Waffe man nicht sieht –, viel zur weiteren Dämonisierung des Haies und zur Produktivität von Haifischmetaphern bei der Beschreibung kapitalistischer Zustände beigetragen. Den *Kredithai* kann man ab 1966 nachweisen; da wird er in einem mehrsprachigen Lexikon der Idiome definiert als »ein Geldgeber, der unerhört hohe Zinsen verlangt«. Die Aufnahme in solch ein Lexikon spricht dafür, dass das Wort damals schon eine Weile im Gebrauch war.

Auch der *Miethai* ist vermutlich nicht erst seit 1985 unterwegs, als die »Zeit« berichtet, der Immobilienbesitzer Günter Kausen habe sich das Leben genommen und sie die Bezeichnung in Anführungszeichen zitiert. Zumal sich ein naher Verwandter des Miethais, der *Immobilienhai*, schon 1974 nachweisen lässt. In den achtziger Jahren tauchen dann an besetzten Häusern in Berlin Transparente mit der Aufschrift »Miethaie zu Fischstäbchen« auf.

Das *Haifischbecken* wiederum haben wir wohl den James-Bond-Filmen zu verdanken. Der Oberschurke Largo aus »Feuerball« besitzt ein solches Becken, in das er den Geheimagenten 007 hineinwirft. Von dort hatte möglicherweise der Investor Otto Schnittenbaumer, über dessen Nachtclub »Yellow Submarine« der »Spiegel« 1971 berichtet, die Idee, sein

Etablissement mit einem riesigen Aquarium zu verschönern, in dem 36 Haie aus dem Golf von Mexiko schwammen. Acht Jahre später nennt der ehemalige »Stern«-Reporter Jörg Andrees Elten, der zum Jünger des indischen Gurus Bhagwan in Poona geworden ist, die Redaktion, aus der er ausgestiegen ist, ein *Haifischbecken*.

Seitdem ist dieses spezielle Raubfischaquarium zur Allerweltsmetapher für Umgebungen geworden, in denen Feinde, Neider und Konkurrenten nacheinander schnappen. In jüngster Zeit wird mal der FC Bayern so genannt, dann gleich die ganze Bundesliga, aber auch die amerikanische Basketball-Liga NBA. Das Showgeschäft kann ein Haifischbecken sein, ebenso wie die Arbeitswelt als solche und natürlich ganz besonders die digitale Transformation, die die Journalisten, jene fleißigen Haifischbecken-Täufer, so viele Jobs und Anzeigen gekostet hat. Jederzeit dagegen würden sie ins Haifischbecken springen, aus dem der »Stern«-Reporter Elten Ende der siebziger Jahre zum Guru nach Indien floh. Den zeitgenössischen Berichten zufolge wurde ihm der Aufenthalt unter den Haien mit 10 000 Mark im Monat vergütet.

Hamster

Ende der sechziger Jahre konnte man als Junge in einem niedersächsischen Dorf auf diverse Arten Geld verdienen, die alle mit dem Töten von Tieren zu tun hatten: Entweder man trieb den Jägern im Herbst und Winter auf den Feldern Hasen vor die Flinte oder man fing Spatzen – für jeden toten Vogel gab es bei der Genossenschaft einen Groschen.

Deutlich mehr bekam man dort für das Fell eines Hamsters: eine Mark nämlich. Ich war zu klein, um Hamster zu jagen, aber ich weiß noch heute, wie eine Hamsterfalle aussieht: ein rundes röhrenartiges Schlageisen, das an einem in den Boden gerammten Stock über dem Hamsterloch befestigt wird. Wenn der Hamster herauskroch, musste er durch die Falle durchkrabbeln, dann schlug sie zu und brach ihm das Genick.

Heute sind Hamster nicht zuletzt als Folge solcher Ausrottungskampagnen selten. Dem Hamster ist zum Verhängnis geworden, dass er *hamstert*. Hamster galten genau wie Spatzen als Schädlinge, weil sie Getreidekörner fraßen. Die Vögel pickten sie direkt von Halmen und von den Haufen, in denen sie manchmal offen herumlagen. Die Hamster knickten die Halme, um an die Körner heranzukommen. In ihren Backentaschen schleppten sie davon bis zu einem Zentner in die Vorratskammern ihrer Hamsterhöhlen. Sie mussten das tun, weil sie unfähig sind, sich vor dem Winterschlaf so viel Speck anzufuttern, dass es zum Überwintern reicht und weil ihre Ruhezeit relativ kurz ist – oft erwachen sie schon im Februar, wenn auf den Feldern noch nichts zu finden ist.

Ihr Name kommt wohl auf dem Umweg über Russland aus dem Iran – genau wie die Hamster selbst aus den Steppen Asiens zu uns eingewandert sind. Im Altkirchenslawischen sind die Wortformen *chomestor* und *chomestar* überliefert, welche die Etymologen auf Altiranisch-Avestisch *hamaestar* zurückführen, das die Bedeutung »wer nieder-, zu Boden wirft« hatte – gedacht war dabei an die Getreidehalme.

Das Wort *hamstern* wurde schon im frühen 19. Jahrhundert gleichbedeutend mit »Schätze anhäufen, sparen«. 1822 schrieb Hartwig von Hundt-Radowsky, einer der Urväter des modernen Antisemitismus in Deutschland, in seinem Buch »Die Judenschule«: »Ausgelernt auf alle Schelmereien und Pfiffe, dreist, gewandt und schwatzhaft weiß der kleine Jude bereits in einem Alter, wo der Christ kaum die Münzen seines Landes kennt, und oft noch Messing für Gold, Zinn für Silber ansieht, Reichthümer und Schätze zusammen zu hamstern, die man unter seinen Lumpen nicht ahnen sollte.« Es ist geradezu ein Lieblingswort dieses Autors, der schon vorher mit seinem Pamphlet »Judenspiegel« (1818) und seinem Roman »Truthähnchen« (1820) einen Hass auf die nach Gleichberechtigung strebenden Juden propagiert hatte, in dem die Lösung nur deren physische Auslöschung sein konnte.

An anderer Stelle in der »Judenschule« schreibt er: »Auf jeder Seite mit Zwickmühlen bedroht, flüchtete Abrahams unglücklicher Saame wie ein geängsteter Hase, aus einem Lande ins andere. Kaum hatte man ihn an einem Orte ausgeplündert, getauft, und zum Theil gehängt oder gebraten, so rief man ihn wieder zurück, um neue Schätze zusammen zu hamstern, und nach einigen Jahren sich auf gleiche Weise mißhandeln zu lassen.«

Für dergleichen Prosa gab es damals einen Markt. 1819 tobten in vielen deutschen Städten die sogenannten Hepp-Hepp-Unruhen, Pogrome, mit denen bürgerliche Schichten sich die seit den napoleonischen Zeiten endlich gleichberechtigten Juden als Konkurrenten vom Halse schaffen wollten.

Sehr verbreitet ist das Verb in den folgenden neunzig Jahren nicht gewesen. Im entsprechenden Band des Grimm'schen Wörterbuchs von 1877 hat es keinen eigenen Eintrag, sondern wird nur unter dem Substantiv *Hamster* erklärt als »gierig zum Munde führen«; an gleicher Stelle ist auch *einhamstern* mit der Bedeutung »habsüchtig zusammenscharren« verzeichnet. All diese Wörter werden als sächsisch oder thüringisch identifiziert, und dort, in Mitteldeutschland, kannte man auch den *Hamsterschrank* als Ausdruck für einen Vorratsschrank mit vielen Fächern.

Wie naheliegend der Vergleich zwischen menschlichen Geizkragen und fetischistischen Sammlern ist, zeigt eine

Stelle aus Georg Simmels »Philosophie des Geldes« von 1900, in der er sich auslässt über die »psychologisch sehr merkwürdige Sammelsucht jener Persönlichkeiten, die das Volk den Hamstern vergleicht: Menschen, die kostbare Sammlungen jeglicher Art aufspeichern, ohne von den Gegenständen selbst einen Genuss zu ziehen, ja oft sogar, ohne sich überhaupt noch weiter um sie zu kümmern.«

Erst im Ersten Weltkrieg wird das Verb *hamstern* wirklich populär und gleich wieder mit antisemitischer Stoßrichtung. Erich Mühsam schreibt am 1. Mai 1916 in seinem Tagebuch: »›Hamstern‹ ist das neueste Schlagwort der Presse und des Publikums, und die ›Hamster‹ dienen jetzt, wie vordem Juden und Wucherer, als Sündenböcke für den steigenden Nahrungsmittelmangel.«

Auch Victor Klemperer bezeugt die Entstehung einer neuen, bösartigeren Bedeutung von *hamstern* im hungrigen Deutschland. In »Curriculum Vitae« zitiert er aus seinem Tagebuch von 1917:

> »Natürlich hatte ich hamstern für Vorräte speichern schon vor dem Kriege gekannt: da war es ein bildlicher und poetischer Ausdruck ohne feststehende moralische Wertung gewesen. Wer wie ein Hamster sammelte, konnte ebenso gut ein vorsichernder Hausvater wie ein habgieriger Geizhals sein. In der Spezialbedeutung und Wertung, die es während des Weltkriegs enthielt, hatte ich hamstern sicherlich auch schon ein paar Mal nennen hören, doch kaum vor meiner Rückkehr aus Kowno. Aber

ganz aufgegangen, ganz geläufig geworden ist es mir erst in Driburg, wo sich mancher Leute Leben darum drehte und wo man kein Gespräch führen konnte, ohne darauf zu stoßen. Jetzt hieß hamstern das dem Volksinteresse zuwiderlaufende, das unsittliche und verbotene Aufspeichern von Vorräten, die an eine Vielzahl hätten verteilt werden sollen.«

Hintergrund des Hasses auf die Hamsterer ist die durch die Blockade und die Kriegswirtschaft verursachte Nahrungsknappheit. Inbegriff all dessen war der »Steckrübenwinter« von 1916/17, in dem sich vor allem die Menschen in den Städten, die kaum die Möglichkeit hatten, sich illegal andere Nahrungsmittel zu beschaffen, fast ausschließlich von der verhassten Hindenburgknolle in allen denkbaren Variationen – Steckrübensuppe, Steckrübenauflauf, Steckrübenkoteletts, Steckrübenpudding, Steckrübenmarmelade oder Steckrübenbrot – ernährten. Um dem abzuhelfen, versuchte manch einer auf dem Land, direkt bei den Bauern irgendetwas aufzutreiben. Das »Berliner Tageblatt« berichtet am Montag, dem 5. März 1917, von Polizeirazzien in den Zügen, mit denen solche Ausgehungerten nach Berlin zurückkehrten: »Einzelne Gendarmen gingen sehr streng vor, führten die Personen, bei denen sie Lebensmittel fanden, ab oder beschlagnahmten diese zum mindesten. Andere Beamte begnügten sich mit ›Verwarnungen‹ oder stellten die Namen der ›Hamster‹ fest.«

Von da an war *Hamster*, *Hamsterer* und *hamstern* in der

übertragenen Bedeutung aus der deutschen Sprache nicht mehr wegzudenken. In einem Jahrhundert, in dem noch mehrere Notzeiten bevorstanden, hatte man allzu oft Bedarf dafür, und bald gesellten sich Ableitungen wie *Hamsterkäufe* (ebenfalls seit 1917, als das Reichsamt des Inneren vor Papierknappheit warnte), *Hamsterware* und *Hamsterpreise* dazu. Inflation, Weltkriege und Nachkriegszeit machten das Hamstern nötig und verliehen dem Feindbild des Hamsterers frische Farbe. 1942 zeigte ein von Max Eschle gestaltetes Propagandaplakat der Nazis eine Hausfrau mit Nagetiergesicht, die in zwei Körben Seife, Wolle, Makkaroni, Öl, Wurst und Konserven nach Hause schleppt, einen Schuhkarton hat sie unter den Arm gesteckt. Der moralische Appell in Großbuchstaben lautet: »Hamsterin schäme dich!«

Im gleichen Jahr lässt ein Biologie-Lehrbuch für Mittelschulen dem echten Hamster Gerechtigkeit widerfahren und erklärt die Menschen, deren Tun nach ihm benannt ist, umso perfider zu Volksschädlingen: »Als im Weltkriege gewissenlose Volksgenossen an Nahrungsmitteln, Kleiderstoffen und sonstigem mehr aufstapelten, als sie gebrauchen konnten, und es damit der Volksgemeinschaft entzogen, bekamen sie den Schimpfnamen ›Hamsterer‹. Dabei müssen wir aber bedenken, daß der Hamster durch sein Tun nur der Erhaltung seiner Art dient, während jene Menschen Schädlinge der Volksgemeinschaft waren und gegen das Streben zur Erhaltung ihrer Art sündigten.«

Hamstern erlebt nach dem Zweiten Weltkrieg eine letzte Blüte. Es gehörte zum gleichen Vokabular des Mangels wie

Schieber, *Kohlenklau*, *Schwarzmarkt* und *fringsen* – Letzteres nach dem Kölner Kardinal Joseph Frings, der in seiner Silvesterpredigt 1946 Mundraub in Notzeiten zur lässlichen Sünde erklärt hatte. Wiederaufbau, Wirtschaftswunder, moderne Massenproduktion und die industrielle Landwirtschaft haben das Wort *hamstern* obsolet werden lassen – in der Bundesrepublik früher, in der DDR deutlich später.

Eine völlig unerwartete Nachblüte hat das Wort *Hamsterkäufe* im August 2016 erlebt, als bekannt wurde, dass die Bundesregierung ein neues Zivilschutzkonzept verabschieden wollte, welches der Bevölkerung empfiehlt, sich mit Vorräten für zehn Tage einzudecken. Das Hashtag *#hamsterkäufe* trendete auf Twitter, und dort wie auf Facebook wurde tausendfach der naheliegende Kalauer gerissen: »Was soll ich denn bei einer Katastrophe mit einem Hamster?«

Grund zur Panik besteht deswegen wohl nicht. Nachweislich ging es Deutschland immer dann besonders dreckig, wenn die Regierungen das Hamstern verboten – nicht, wenn sie es ausdrücklich empfahlen. Trotzdem weckt schon die Vorstellung, jemals wieder auf Gehamstertes zurückgreifen zu müssen, statt jederzeit im Supermarkt alles Nötige besorgen zu können, milde Zivilisationspanik. Es hilft nicht, wenn man bei Erich Mühsam an der schon zitierten Tagebuchstelle von vor 100 Jahren liest: »Ich begrüße die ›Hamsterei‹ als ein Mittel zur Beschleunigung der Katastrophe.«

Bislang ist die Katastrophe allerdings nur für die echten Hamster eingetreten. In Mecklenburg-Vorpommern und Brandenburg sind Feldhamster schon komplett ausgestorben, was wohl außer der früheren Jagd darauf zurückzuführen ist, dass Landwirtschaft hier schon von den LPGs und damit besonders lange im industriellen Stil auf riesigen Feldern betrieben wurde, die den Tieren keine Deckung bieten.

Jüngere Menschen kennen Hamster nur noch aus dem Käfig. Dessen Bewohner sind Goldhamster, die in der freien Natur nur in einem kleinen, gerade mal 20 000 Quadratkilometer umfassenden Verbreitungsgebiet in der Grenzregion zwischen Syrien und der Türkei vorkommen. Weil man in diesen Käfigen häufig ein Laufrad findet, in dem die Tiere sinnlos auf der Stelle herumsausen, ist das *Hamsterrad* im Sprachgebrauch zum Sinnbild für die Ausweglosigkeit des gehetzten modernen Lebens geworden. Der früheste Beleg stammt aus Bodo Morshäusers Roman »Die Berliner Simulation« von 1983, wo man sich in der Westberliner Hausbesetzer-Szene zuraunt, es gebe Modelle, in denen der Staat politische Aktivität simuliert: »In diesen Modellen sollen wir bleiben wie in einem Hamsterrad, denn in ihnen bleibt nichts wirklich; nur die Simulation.« In der Matrix sind wir alle Hamster.

Hecht

Einer der gruseligsten Eindrücke meiner Schulzeit, an den ich mich heute, fast fünfzig Jahre später, noch erinnere, prägte sich mir in der zweiten oder dritten Klasse ein. Normalerweise freuten wir Kinder der Zwergschule im niedersächsischen Groß Gleidingen, wo ein ebenso prügelwilliger wie halbgebildeter Lehrer namens Lippelt immer alle vier Jahrgänge zugleich in einem großen Klassenzimmer unterrichtete, uns über jeden Morgen, den wir mit schwarz-weißen, von weißen Kratzern übersäten Lehrfilmen verbrachten, statt mit Paukstoff behelligt zu werden. Doch diesmal war es etwas anders. Wir sahen eine Dokumentation über das Leben in einem Teich. Eine Entenmutter überquerte mit ihren Küken das Gewässer. Auf das Drama, das kommen sollte, stimmte uns der Schnitt auf einen unter Wasser lauernden Hecht ein. Als potenzielles Opfer zeichnete sich ein Küken ab, das beim Schwimmen ein bisschen zurückgeblieben war. Plötzlich schoss der Hecht aus dem Wasser hervor, das mit spitzen Zähnen gespickte Maul weit aufgerissen, verschlang das kleine Federknäuel mit einem Happs und verschwand gleich wieder.

Die Szene war keine hollywoodeske Übertreibung. Hechte gelten als die aggressivsten Raubfische in unseren heimischen Süßgewässern. Sie schlingen nicht nur kleinere Fische und Frösche hinunter, sondern auch Vögel und sogar Säugetiere wie Wasserratten, wenn eines so dumm sein sollte, dort herumzuschwimmen, wo in Ufernähe die Hechte stundenlang, manchmal tagelang bewegungslos lauern, bevor sie mit einer Geschwindigkeit von knapp 50 Kilometern pro Stunde auf ihr Opfer zuschießen. Der Zoologe und Sachbuchautor Vitus B. Dröscher traute ihnen sogar Großes zu: »Einen gründelnden Schwan packen sie am langen Hals und ertränken ihn in der Tiefe.« An den pfeilschnellen Angriff des Hechts erinnert das in der Sportsprache seit um 1960 nachweisbare Verb *hechten*, eine Kurzform des seit den zwanziger Jahren belegten *einen Hechtsprung machen*.

Kein Wunder, dass der weitverbreitete Fisch schon früh als Sinnbild der rücksichtslosen Aggressivität in die deutsche Sprache eingegangen ist, zumal Hechte in alten Zeiten, als es noch Gewässer gab, in denen sie kein Angler bedrohte, bis zu zwei Meter lang und bis zu 70 Kilo schwer wurden. Der früheste Beleg steht 1350 in Konrad von Megenbergs »Buch der Natur«: »Pei dem hecht versten ich alle wütreich, die arm läut frezzent.« Aus dieser abwertenden Bedeutung »räuberischer Gesell« hat sich dann der etwas weniger negative Sinn »außergewöhnlicher Bursche« entwickelt. Der Sturm-und-Drang-Dichter Gottfried August Bürger schreibt am 1. 3. 1789 an seinen Freund Friedrich Ludwig Wilhelm Meyer: »Verbrennt diesen Brief, damit es nicht dermaleinst offenbar werden, was für tolle Hechte wir sind.« Von den vielen ähnlichen Redensarten *armer, dürrer, langer Hecht*, wie sie sich bei Wieland, Jean Paul und Heinrich Heine finden lassen, ist heute nur der *tolle Hecht* geblieben.

Die Redensart vom *Hecht im Karpfenteich*, dem agilen Raubfisch unter lauter trägen Opfern, lässt sich erst im 18. Jahrhundert nachweisen, doch möglicherweise ist sie älter. Johann Karl August Musäus schreibt in einer Erzählung seiner Sammlung »Straußfedern« 1787 über einen jungen Mann: »Er war in Vetter Kornelius Hause der Hecht im Karpfenteich, der die trägen friedlichen Haustiere der Handelsbedienten und des Gesindes immer aufstörte und in Schreck setzte.« Bismarck hat die Redensart in seiner Reichstagsrede vom 6. Februar 1889 benutzt, um die gefährdete Zwischenlage des von ihm geschaffenen Deutschen Reichs zwischen Frankreich und Russland zu versinnbildlichen: »Die Hechte im europäischen Karpfenteich hindern uns, Karpfen zu werden. Wir müssen dieser Bestimmung der Vorsehung aber auch entsprechen, indem wir uns so stark machen, daß die Hechte uns nicht mehr tun als uns ermuntern.«

Wie passt zu allem die *Hechtsuppe*, in der es doch so sprichwörtlich zieht? Für die Redensart gibt es zwei ganz unterschiedliche Erklärungsversuche. Zum einen soll es sich um ein Wortspiel mit den zwei intransitiven Bedeutungen von *ziehen* handeln: Fischsuppe muss angeblich besonders lange *ziehen*, d. h. ihren Geschmack entfalten, und wenn ein Luftzug im Zimmer weht, sagt man bekanntlich *es zieht. Ziehen* wird auch wie »auf der Zunge brennen« gebraucht, und so bezog sich der Spruch möglicherweise zuerst auf ganz besonders scharf gewürzte Suppen.

Spannender ist die Herleitung vom jiddischen *hech* (»wie«) *supha* (»starker Sturm«) – aber leider nicht wahrer. Denn das hebräische *hech* ist ein reines Fragewort und lässt sich nicht wie das deutsche *wie* vergleichend gebrauchen. Außerdem hat noch niemand in einem originalen jiddischen Text die Formulierung *hech supha* nachweisen können. Um von deutschen Muttersprachlern falsch verstanden zu werden, hätte sie aber sehr häufig auch in der Alltagskonversation sein müssen. Das Jiddische hat die deutsche Standardsprache um viele Wörter bereichert, doch für die ziehende Hechtsuppe kann es am Ende doch nichts.

Hummel

Die Hummel, die gemütliche, etwas mopsige Schwester der Biene, gilt schon seit alten Zeiten ebenso wie diese als Inbegriff von Fleiß, aber auch als Sinnbild einer gewissen Unruhe. Wer sich vorstellt, die pelzigen Insekten im Darmausgang zu haben, der rutscht schon beim bloßen Gedanken daran unruhig auf dem Stuhl hin und her. Die Redewendung *Hummeln im Arsch/Hintern haben* ist alt. Schon in Luthers um 1530 entstandener, handschriftlich überlieferter Sprichwörtersammlung ist verzeichnet: *Er hat hummel ym arse.* Da der Reformator hier nichts erdichtet, sondern nur Gefundenes sammelt, muss der Spruch da bereits etwas älter gewesen sein.

Auch die *wilde Hummel* ist ein Ausdruck der Unruhe. So nennt man mindestens seit dem frühen 18. Jahrhundert ausgelassen umherschwärmende Mädchen. In dem Frauen tadelnden Theaterstück »Der Dresdner Mägde-Schlendrian« des sächsischen Hofdichters Johann Ulrich König, der unter dem Pseudonym Orestes schrieb, wird 1729 gegen »solche jungen wilden wüsten Hummeln« gewettert.

Neueren Datums ist das Wort *hummeldumm*, das durch

den gleichnamigen Bestseller von Tommy Jaud in den allgemeinen Sprachschatz eingegangen ist. Im Buch benutzt es die Wienerin Käthe. Es bedeute, so wird erklärt, »dumm wie ein Rindvieh«, weil im süddeutschen Sprachgebiet der Stier auch *Hummel* heiße. Diese Bezeichnung existiert tatsächlich sowohl im bayerischen Schwaben als auch in Franken. Ortsbezeichnungen wie *Hummelsberg* lassen sich vielleicht darauf zurückführen. Das Wort *hummeldumm* findet man aber in keiner deutschen oder österreichischen Publikation vor 2010. Es scheint eine Schöpfung von Jaud zu sein.

Hund

In Thüringen liegt der Hund begraben. In der Nähe der Schlossruine von Winterstein in Thüringen, zwischen Friedrichsroda und Eisenach, befindet sich das Grabmal eines treuen Hundes. In die etwa einen Meter hohe Steinplatte ist eingraviert: »Anno 1630 Jar dr 19 Marci Ward ein Hund hieher begrawen Das in nicht fressen die Rawen War sein Name Stuczel genant.« Fürsten und Herren sei er wohl bekannt gewesen ob seiner »Treulichkeit«, die er Herren und Frauen bewiesen habe. Dieses Grab soll nach einer älteren Ausgabe des »Büchmann« der Ursprung der Redensart *da liegt der Hund begraben* sein.

Dafür spricht, dass Hundegräber früher mehr Anstoß erregten als heute. Im Weimarer Ilmpark befindet sich das Grab eines Löwenhundes, der einer Mätresse von Goethes Herzog Carl August gehörte. Der Grabstein wurde von den Weimarer Bürgern zerschlagen, die das empörend fanden. Der Herzog musste schließlich eine Wache vor das Grab stellen, um weitere Schändungen zu verhindern.

Dennoch glaubt Lutz Röhrich, der große Sprichwortforscher, dem ich unendlich viel verdanke, dass die Anekdote im »Büchmann« nur der Versuch ist, einer Redensart nachträglich einen konkreten Sinn unterzuschieben. Er führt die Wendung auf die in Volkssagen verbreitete Vorstellung zurück, dass in der Tiefe verborgene Schätze von dämonenhaften Hunden bewacht werden. Diese Schatzhunde kommen auch im Märchen »Von einem, der auszog, das Fürchten zu lernen« vor, allerdings hier in einem Spukhaus, nicht unterirdisch. Solche Hunde habe man laut Röhrich mit dem Teufel, aber oft auch mit dem Schutz selbst identifiziert. Hans Sachs lässt einmal einen jungen Mann an seine Tasche klopfen und sagen: »Da ligt der hunt« – gemeint ist Geld. Von vergraben und nicht von begraben ist auch noch bei Abraham a Sancta Clara die Rede, der die Wendung in seinem »Mercurialis« leicht abgewandelt schon ganz sinnbildlich gebraucht. Er erzählt dort die Geschichte zweier ungleicher Brüder, von denen der jüngere sein Erbe verschwendet. Als er den älteren bittet, ihm das Zauberkunststück zu verraten, mit dem dieser sein Geld zusammenhält, legt der ihn herein, denn: »Der ältere Bruder vermerkte gar wohl, wo der faule Hund vergraben lag.«

Röhrich schreibt, dass der Hund redensartlich ebenso sehr das Sinnbild des »Elenden, Niederträchtigen und Untermenschlichen wie auch das Symbol der Treue und Wachsamkeit sei«. Für das Elende sei hier stellvertretend das geflügelte Wort *Hunde, wollt ihr ewig leben?* genannt. Friedrich der Große soll den Satz in der Schlacht von Kolin gegen 17.30 Uhr, als sich die Niederlage klar abzeichnete, im Zorn seinen Grenadieren zugerufen haben. Populär wurde es 1958 durch den gleichnamigen Stalingrad-Film, der in der Bundesrepublik gedreht wurde.

Für die Wachsamkeit steht die Redensart *aufpassen wie ein Schießhund*. Ein Schießhund ist im Gegensatz zum Hetzhund ein Tier, das totes Wild apportiert. Ein deutsch-italienisches Wörterbuch aus dem Jahre 1782 definiert das Wort: »Schießhund, so m. Hunde welche geschossene Enten aus dem Wasser holen.« In dem Schauspiel »Paedia dramatica oder Die gute und die böse Kinderzucht« von Christian Zeidler sagt 1675 ein Mann namens Morio zu einem Herrn namens Paedophile (das Wort ist hier gewiss nicht im unguten heutigen Sinne zu verstehen): »Wie geht's (...)? Hängt ihr doch gar die Ohren wie ein engelischer Schießhund.« Und in dem Barock-Roman »Die aller-Edelste Rache Der aller-Edelsten Gemüther« von Erasmus Francisci und Johann Rist heißt es 1680 über einen wachsamen Hund: »Der besagte Gentian hatte unversehens im Carré sein Schweißtüchlein fallen lassen, sein ausbündig guter Schießhund aber solches aufgehebt und ihm als seinem Herrn wiedergebracht.« Die Redensart taucht dann erst etwa 100 Jahre später auf. In Adelungs Wörterbuch heißt es über *wie ein Schießhund aufmerken* in der »gemeinen Rede« (heute würden wir sagen: Umgangssprache) bedeute dies: »sehr genau«.

Der *Schießhund* und die Hunde, die Friedrich nicht ewig leben lassen wollte, stehen zwar nicht in Röhrichs »Lexikon der sprichwörtlichen Redensarten«, aber der beste Freund des Menschen füllt dennoch 22 Spalten mit anderen Wendungen. *Da wird der Hund in der Pfanne verrückt* als Ausdruck der Verwunderung erinnert an die Geschichte von Till Eulenspiegel, in der dieser den *Hopf* genannten Hund eines Einbecker Bierbrauers in die Sudpfanne wirft, nachdem der Meister ihm befohlen hatte, »mit Sorgfalt Hopfen zu sieden«. Der *dicke Hund* im Sinne von »besondere Frechheit« ist erst im 20. Jahrhundert nachzuweisen, aber schon im Mittelalter soll es laut Jacob Grimm als schlimme Beleidigung gegolten haben, jemandem einen fetten Hund als Gabe hinzuwerfen. *Bekannt wie ein bunter Hund* sind Leute, die zwar berühmt sind, aber aus etwas zweifelhaften Gründen. 1711 schreibt der Leipziger Jurist Gottlieb Siegmund Corvinus unter dem Pseudonym Amaranthes in seiner ein Jahr später wegen Anstößigkeit verbotenen Gedichtsammlung »Proben der Poesie in galanten-, verliebten-, Schertz- und Satyrischen Gedichten« von einem leicht zu habenden Frauenzimmer: »Die es mit keinem redlich meint, die man, es weiß es jedes Kind, pflegt einen bunten Hund zu nennen, den man auf allen Straßen find.«

Wie der Schießhund stammt möglicherweise auch die seit dem 17. Jahrhundert bekannte Redensart *vor die Hunde gehen* »verkommen, zuschanden werden« aus der Jägersprache, denn schließlich konnte es fürs Wild tödlich sein, den Hetzhunden gegenüber zu stehen. Es könnte aber auch sein, dass hiermit ähnlich wie im Spruch *das ist für die Katz* angedeutet werden soll, dass etwas nur noch für die Tiere taugt. Die Niedrigkeit oder wertlose Allgegenwart des Tieres hat auch Wörter und Wendungen wie *hundsgemein*, *es regnet Katzen und Hunde*, *Hundewetter* (also paradoxerweise eigentlich eines, bei dem man *keinen Hund vor die Türe jagt*), *hundeelend, hundemüde* und das Verb *hunzen* angeregt.

Letzteres müsste eigentlich *hundsen* geschrieben werden. Heute kennt man in Deutschland nur noch *verhunzen*, das von Christian Thomasius, dem frühaufklärerischen Philosophen und Pionier einer deutschen Wissenschaftssprache, in die Literatur eingeführt wurde. 1690 schreibt er: »Denn an statt, daß wir uns befleissigen solten die guten Wissenschafften in deutscher Sprache geschickt zuschreiben, so fallen wir entweder auff die eine Seite aus, und bemühen uns die Lateinischen oder Griechischen Terminos technicos mit dunckeln und lächerlichen Worten zu verhuntzen.« In der Schweiz ist das Verb *verhunden* im Sinne von »verderben, zerstören« noch bekannt und daneben auch *hunden* »karg leben, sich abmühen«, welches auch die ursprüngliche Bedeutung von *sich hunzen / sich hundsen* war.

Kein Hund will sich in diesem Sinne *hunden*, deshalb lockt man die Tiere auch sprichwörtlich so schwer *hinter dem Ofen hervor.* Früher hieß es *den Hund aus dem Ofen locken*, weil die Öfen auf Beinen standen und die Hunde sich gerne drunter oder sogar in den Ofen legten, wenn das Feuer ausgegangen war. So steht es bei Luther: »Es sind auch etzliche Klugling itzt, welchen alles beides miszfället, und wenn sie im Predigtamt wären, so konnten sie doch nicht einen Hund aus dem Ofen locken.« Im oder hinter dem Ofen lagen übrigens nicht nur die Hunde gern. Die Katze der Bremer Stadtmusikanten erklärt ihre Flucht so: »Weil ich nun zu Jahren komme, meine Zähne stumpf werden und ich lieber hinter dem Ofen sitze und spinne als nach Mäusen herumjage, hat mich meine Frau ersäufen wollen.«

Als Sinnbild der Faulheit diente der Hund früher in einer Redensart, aus der er sich vor lauter Faulheit nun sogar davongestohlen hat. Wir reden heute, wenn einer widerwillig ist, etwas zu tun, davon, man müsse ihn *zum Jagen tragen*. Noch bis in die sechziger Jahre las man in Zeitungen die ältere Langfassung *den Hund zum Jagen tragen*. Allerdings sollte man sich das mit dem Tragen gut überlegen, denn *schlafende Hunde wecken* gilt seit den Zeiten von Hans Sachs als Synonym für »sich unnötig in Gefahr begeben, indem man feindliche Mächte auf sich aufmerksam macht«.

Die *Hundstage* werden schon seit den Römern so genannt. Als *dies canicularis* bezeichneten ihre Astrologen die Tage im Sommer, an denen das Sternbild *Canis Major* (»Großer Hund«) mit dem Sirius als hellstem Stern zu sehen ist. Von der lateinischen Bezeichnung haben die Russen, die Moskau ja als das »dritte Rom« ansehen, ihre Bezeichnung für die Ferien abgeleitet: *kanikuly*, die ursprünglich nur im Sommer stattfanden. Heute haben sich übrigens die Himmelsbewegungen gegenüber der Römerzeit so sehr verschoben, dass das Sternbild erst zu Herbstanfang erscheint, aber wir nennen die heißesten Tage des Sommers noch immer *Hundstage*.

Und damit soll es nun gut sein, obwohl noch viel mehr Redensarten und Wörter mit Hunden existieren – die meisten sind allerdings etwas in Vergessenheit geraten. Ich bin hundemüde, und Sie sollen nicht denken: »Hunde, will der ewig schreiben?«

Katze

Die Katze ist ein Einwanderer. Die Vorfahren aller Wild- und Hauskatzen stammen aus Asien, und ihre Haustierwerdung spielte sich zuerst im fruchtbaren Halbmond ab – jenem Winterregengebiet am nördlichen Rand der syrischen Wüste, das sich sichelförmig von Israel bis zum Irak erstreckt und die Wiege vieler antiker Zivilisationen war. Dort soll sich die Katze zunächst als Abfallvertilger und dann als Mäusekiller selbst domestiziert haben – ein historisches Faktum, das Katzenliebhaber gern in Zusammenhang mit der Unabhängigkeit und Intelligenz ihrer Tiere hervorheben.

Obwohl sich auch andere Rassen in die heutige Hauskatze hineingemischt haben, geht sie, wie neuere genetische Studien nachgewiesen haben, in erster Linie auf die Falbkatze zurück, die in Afrika und Arabien im Buschland lebt. Es ist angeblich die am wenigsten aggressive Wildkatzenart, die sich umso leichter ins häusliche Leben der Menschen einfügen konnte.

Ins heutige Deutschland sind Katzen erst mit den Römern gelangt. Die unterschieden zwischen Waldkatzen, die sie *feles* nannten, und Hauskatzen, für die sie das Lehnwort *catta* einführten, möglicherweise aus Nordafrika. In den ersten Belegen, etwa beim Dichter Martial um 75 n. Chr., ist allerdings nicht ganz klar, ob damit wirklich Katzen und nicht gar Frettchen gemeint sind, die man ebenfalls zur Mäusebekämpfung einsetzte. Gesichert ist die Bedeutung »Katze« für *catta* erst im 4. Jahrhundert bei Palladius.

Ungefähr aus dieser Zeit, dem 3. bis 5. Jahrhundert, stammen die ältesten Katzenüberreste auf deutschem Gebiet. Sie wurden in Hildesheim gefunden. Die Katzen verbreiteten sich in Germanien aber noch rechtzeitig, um zu Begleitern der Göttin Freya zu werden, deren Wagen sie zogen. Das ist ein wunderbares Beispiel dafür, dass auch die germanische Mythologie Wandlungen unterworfen war und dass das, was wir von der Spätzeit der Germanen wissen, nicht unbedingt schon für die Götter von Hermann dem Cherusker und der Römerzeit gilt.

Diese Nähe zur heidnischen Göttin dürfte wohl dazu beigetragen haben, dass die Katze im christlichen Mittelalter als Teufelstier angesehen wurde. Ihre furchteinflößend geschlitzten Augen, die im Dunkeln reflektierend leuchten, und ihre Nachtaktivität trugen ein Übriges dazu bei, sie den Menschen unheimlich zu machen. Vor allem wenn ihr Fell schwarz war, hielt man die Katze oft für einen Unglück bringenden Dämon, und Reste dieses Volksglaubens haben sich bis heute gehalten. Katzen wurden oft stellvertretend für den Satan in das Fundament von Kirchenbauten eingemauert. Auch Verbrennungen von Katzen auf dem Scheiterhaufen sind vielfach belegt. Allerdings dienten solche Spektakel oft nur noch der reinen Volksbelustigung – bei Festen und Jahrmärkten wurde eine Katze im Sack über ein großes Feuer gehalten.

Doch nicht daher stammt die Redensart *die Katze im Sack kaufen.* Im späten Mittelalter war die Formulierung *etwas im Sack kaufen* im Sinne von »etwas ungeprüft kaufen oder übernehmen« ganz katzenfrei gebräuchlich, noch Luther hat davon geredet, dass man etwas *im Sacke keuffe* oder *im Sacke verkeuffe.* Die Katze ist in die Redewendung vermutlich erst 1510 durch das Volksbuch über Till Eulenspiegel gelangt, in dem der Schalk dem Kürschner in Leipzig eine Katze im Sack als Hase verkauft. Möglicherweise war die Wendung auch schon vor Erscheinen des Buches gebräuchlich, denn der Humor darin lebt ja davon, dass Eulenspiegel bildlich gemeinte Redensarten ernst nimmt. Aber die Eulenspiegel-Geschichten und ein darauf beruhender Schwank von Hans Sachs haben dazu beigetragen, dem Spruch seine heutige Gestalt zu geben.

Solch ein Geschäft ist für den Käufer jedenfalls *für die Katz.* Als Ausdruck von Vergeblichkeit sind Vorformen dieser Wendung in Fabeln und Streitgedichten des Dichters und Pfarrers Burkhard Waldis im frühen 16. Jahrhundert präsent, wo der von Waldis verspottete Herzog von Braunschweig über den Verlust seines Schlosses Wolfenbüttel und seines Rosses klagt: »Die Schwerter hans zerhauen, die Katz frist jitzt davon.«

Lieber als tote Pferde frisst die Katze aber Milchprodukte – zumindest dann, wenn sie eine Bauernhofkatze ist, deren Magen durch regelmäßigen Verzehr bis ins Erwachsenenalter an Kuhmilch gewöhnt ist. Normale Katzen entwickeln – ganz anders als es das Klischee will – nach dem Kätzchenalter eine Milchintoleranz. Auf die vermeintliche Vorliebe aller Katzen für Milch geht die Redensart *wie die Katze um den heißen Brei schleichen* zurück, welche die Vorsicht des schlauen Tiers angesichts der brodelnden Köstlichkeit versinnbildlicht. Populär gemacht hat sie wieder einmal Martin Luther, aber gleichzeitig steht sie 1529 auch in der Schrift »Das Buch Paragranum« des revolutionären Arztes Paracelsus. Auch hier gab es die Wendung *um den heißen Brei gehen/schleichen* (ohne Katze) schon früher, etwa bei Sebastian Franck Ende des 15. Jahrhunderts.

Wagt sich das Tier endlich an den Brei, darf man es mit Recht als *Naschkatze* titulieren. 1607, in der Tierfabel »Gans-König« des Wolfhart von Spangenberg, ist es noch ausschließlich auf eine Katze bezogen, wenn von der »Naschkatz« die Rede ist, gegenüber der man »fürsichtig« sein muss, damit sie der Gans nicht schade. 1688 in der Schrift »Mägdelob« des Johannes Praetorius können dann schon Menschen damit gemeint sein. Dort heißt es, man müsse bei einer Bediensteten genau unterscheiden, »ob sie ein mistfink, ein naschkatz, ein fauler esel oder emsige hausmagd sei«.

Wenn die Katze den Brei nicht kriegt, dann vielleicht, weil sie sich in den Schwanz beißt. Mit *da beißt sich die Katze in den Schwanz* ist eine Situation bezeichnet, aus der es keinen Ausweg zu geben scheint, ein Irrkreis oder – gebildet gesprochen – ein Circulus vitiosus. Der Spruch ist seit dem 19. Jahrhundert belegbar, beispielsweise taucht er 1873 in einem satirischen Gedicht im Wochenblatt »Die Warte am Inn« auf, das mit Tiermetaphern prunkt – wohl um die Zensur auszutricksen –, darüber aber fast unverständlich wird: »Die Katze beißt sich wieder in den Schwanz, es zieht der Krebs sie alle nach dem Schnürchen.«

Katzbuckeln »sich unterwürfig verhalten« ist eines der seltenen Wörter, das auf das Ingenium eines Dichters zurückgeht, zumindest indirekt. Lessing war 1767 der Erste, der das Wort *Katzenbuckel* im übertragenen Sinne für die krumme Haltung eines verlogenen Schmeichlers gebrauchte. Just, der Diener des Major Tellheim, sagt über den Wirt, der seinen Herrn aus dem Zimmer hinauskomplimentiert hat und sich nun wieder als dessen »untertänigster Knecht« bezeichnet: »Wenn ich ihm doch eins auf den Katzenbuckel geben dürfte!« Vermutlich ausgehend von dieser Klassikerstelle hat sich in der ersten Hälfte des 19. Jahrhunderts das Verb *katzbuckeln* und das Nomen *Katzbuckele*i entwickelt. Von Anfang an waren es immer die anderen, die katzbuckelten. Der früheste Beleg für *katzbuckeln* stammt aus einer politischen Warnschrift von 1848 namens »Die Reaction«, und 1855 flucht der Römer Coparius in Ferdinand Kürnbergers Drama »Catilina« über die griechischen Lehrer, die nach Rom kommen: »Kurz, sie lehren dich schmarotzen, kriechen, katzbuckeln, den Mantel nach dem Winde hängen, und die Niederträchtigkeit als ein systematisches Gewerbe betreiben.« Ähnlich verhält es sich mit *Katzbuckelei*. Solches Verhalten wird schon 1849 in der »Zeitung für die elegante

Welt« einem Polizeikommissar namens Maas vorgeworfen, der in der »Spenerschen Zeitung« ein Gedicht zum Namenstag der Königin drucken ließ: »Eine solche Katzbuckelei und Liebedienerei wie in dieser Reimerei ist selten dagewesen.«

Katz und Maus spielen im Sinne von »jemanden mit immer neuen Ausflüchten und Tricks hinhalten« sagt man auf Deutsch seit dem Mittelalter. Lutz Röhrich vermutet, die Wendung sei zuerst in Frankreich entstanden, wo sie sich früher als hierzulande nachweisen lässt – zunächst in lateinischen Schriften – und wo man bis heute sagt: *jouer au chat et à la souris.* Sie könnte aber auch unabhängig in verschiedenen Sprachen nach der bloßen Naturbeobachtung entstanden sein. Katzen spielen nun einmal überall mit Mäusen, bevor sie sie fressen.

Die Maus empfindet dann in ihren letzten Lebensminuten vielleicht *Katzenjammer.* So bezeichnet man seit dem 19. Jahrhundert scherzhaft den Gemütszustand der Reue und Gewissensqual. Karl Marx spottet 1869 in »Der achtzehnte Brumaire des Louis Bonaparte«: »Bürgerliche Revolutionen, wie die des achtzehnten Jahrhunderts, stürmen rascher von Erfolg zu Erfolg, ihre dramatischen Effekte überbieten sich, Menschen und Dinge scheinen in Feuerbrillanten gefaßt, die Extase ist der Geist jedes Tages; aber sie sind kurzlebig, bald haben sie ihren Höhepunkt erreicht und ein langer Katzenjammer erfaßt die Gesellschaft, ehe sie die Resultate ihrer Drang- und Sturmperiode nüchtern sich aneignen lernt.« Zuvor war das Wort seit der zweiten Hälfte des 18. Jahrhunderts zunächst in der Studentensprache als

Hüllwort für einen Kater gebraucht worden. Goethe dichtete 1819 im »West-östlichen Divan«: »Herr, so späte. Schleichst du heut aus deiner Kammer; Perser nennen's Bidamag buden, Deutsche sagen Katzenjammer.« Der genannte *Kater* ist ebenfalls als Euphemismus entstanden: Die Studenten nannten die Übelkeit, die sie nach einem ihrer rituellen Trinkgelage befiel, tarnend *Katarrh.* Aus der Erkältung ist dann wohl zuerst in Leipziger Mundart Mitte des 19. Jahrhunderts ein männliches Katzentier geworden.

Katzenjammer ist übrigens schon im 19. Jahrhundert mit den großen Auswanderungswellen ins amerikanische Englisch übernommen worden und war dort in beiden Bedeutungen gebräuchlich. Endgültig etabliert wurde es durch die sehr populäre Comic-Serie »Katzenjammer Kids«, die der deutschstämmige Rudolph Dirk 1897 für das »New York Journal« zu zeichnen begann und deren Hauptfiguren zwei verhaltensauffällige Jungen namens Hans und Fritz waren.

Katzenjammer könnte irgendwann auch mal eine ganz konkrete Bedeutung gehabt haben, auch wenn diese sich seltsamerweise nirgendwo in der Literatur nachweisen lässt – nämlich »Katzenmusik«. Wer je einmal mitanhören musste, wie liebeswunde Katzen draußen vor dem Schlafzimmerfenster nachts jammerten, der versteht sofort, warum *Katzenmusik* um 1800 zum Ausdruck für dissonante Klänge werden konnte. Johann Seume berichtet in seinem Reisebuch »Spaziergang nach Syrakus im Jahre 1802«, warum er sich in Bologna lieber kein Theaterstück ansah: »Vor dem Nationaltheater wurde ich gewarnt, weil man daselbst durchaus immer die niedrigsten Hanswurstiaden gebe und zum Intermezzo Hunde nach *Katzenmusik* tanzen lasse.«

Katzenmusik wurde früher aber auch als Verdeutschung für *Charivari* gebraucht. So nannte man laut dem »Neuesten Fremdwörterbuch« von Eduard Beer aus dem Jahre 1838 ein »Verhöhnungsständchen«, das Übermütige vor dem Hause eines zu Verspottenden anstimmten. Das konnten Eduard Beer zufolge »alte, sich wieder verheiratende Personen sein«, aber solche *Katzenmusik* war oft auch als politische Demonstration gegen Amtspersonen gemeint. Man findet in den Zeitungen des frühen 19. Jahrhunderts viele Hinweise darauf. Beispielsweise berichtet die »Allgemeine Schulzeitung« von einer Lehrerin namens Miss Crandell, die auch Schwarze unterrichtete: »Diese Dame und ihre Zöglinge wurden auf jede Art beleidigt und ihr Haus wiederholt durch Schaaren von Gassenjungen angegriffen, die Katzenmusik machten und in der Finsterniß Steine in die Fenster warfen.«

Katzen sind zwar nicht musikalisch, aber sehr reinlich. Deshalb ist es eine große Ungerechtigkeit, dass man eine oberflächliche Körperpflege als *Katzenwäsche* bezeichnet. Katzen säubern sich bekanntlich, indem sie ihr Fell ablecken. Verglichen mit einem Vollbad, einer heißen Dusche oder einer Desinfektion mag das wenig erscheinen, im Tierreich stehen sie damit hygienisch weit vorn. Die Redensart findet sich erst seit dem 19. Jahrhundert, vielleicht weil die Menschen vorher wenig Gelegenheit hatten, sich gründlicher zu waschen als die Katzen. Karl Gutzkow schreibt 1857 in den »Unterhaltungen am häuslichen Herd«, wie die Neapolitanerinnen sich mühen, ihre geflickten Kleider nicht weiter durch gründliche Wäschen abzunutzen: »Eine häusliche Impromptuwäsche – bei uns Katzenwäsche genannt – trägt stets eine etwas gelbliche Farbe und macht den neuen Schmuz vom alten wenig verschieden, sodaß man nicht oft zu wechseln braucht.«

Wo wir schon mal in Italien sind, soll auch die Herkunft des Wortes *Katzlmacher* geklärt werden, das heute fast nur noch durch den gleichnamigen Film von Rainer Werner Fassbinder bekannt ist, aber bereits seit dem 18. Jahrhundert ein gängiges Schimpfwort für italienische Gastarbeiter war. Ich habe bis zur Niederschrift dieses Buches geglaubt, es rühre daher, dass man den Italienern unterstellte, es wie die Katzen zu treiben und sich so schnell wie die Tiere zu vermehren. Sexualneid ist ja oft ein Motiv beim Fremdenhass. Doch nun habe ich erfahren, dass es ursprünglich wohl »Kesselmacher« bedeutete. Es wurde dann für ladinisch oder italienisch sprechende Wanderhändler gebraucht, die im Sommer über die Alpen kamen, um *Gatzl*, also hölzernes Geschirr oder Besteck in süddeutsch-österreichischen Dialekten, oder *Cazza* (piemontesisch-venezianisch für »Zinngeschirr«) zu verkaufen. Zunächst war es auch kein gehässiges Wort; das ist es wohl erst um 1900 geworden, und zu dieser Zeit verknüpfte es sich in der Vorstellung der Sprecher mit der sexuellen Aktivität von Katzen, die auch dem Spruch *das geht wie's Katzenficken* (»das geht sehr schnell«) zugrunde liegt.

Krake

Der Krake ist ein Geschöpf des Seemannsgarns der Wikinger. Auf ihren weiten Fahrten übers offene Meer haben die Nordmänner gewiss manchmal große Meerestiere gesichtet und zu Hause, nach dem dritten Met, wurden diese Tiere dann erzählerisch noch ein bisschen aufgeblasen, bis sie riesige Seeungeheuer waren.

Das Wort *Krake*, das im Altnordischen »Stange mit einem Haken dran« und im Norwegischen »verkrüppelter Baum oder verkrüppeltes Tier« bedeutete, ist dann im 18. Jahrhundert aus den skandinavischen Sprachen ins Deutsche entlehnt worden. Erst der Biologe Lorenz Oken engte 1815 in seinem »Lehrbuch der Naturgeschichte« den Namen des Fabelwesens *Kraken* auf die tatsächlich existierenden Kopffüßler ein. Aber noch 1883 konnte Detlev von Liliencron, ohne sich lächerlich zu machen, dichten: »Und wie sie drohend die Fäuste ballen, Zieht leis aus dem Schlamm der Krake die Krallen.« Hier ist ganz offensichtlich ein Seeungeheuer alten Stils gemeint. Das Geschlecht schwankt bis heute, mal ist *Krake* männlich, mal weiblich.

Redensartlich wird *Krake* erst um 1900. Früher konnte es

auch einen Greis bezeichnen, was ganz folgerichtig ist, denn das Wort ist etymologisch mit *Krücke* verwandt. Albrecht Schaeffer schrieb 1920 in seinem »Helianth«: »Der alte Herzog ist nur noch halb bei Verstand, eine lahme Krake.«

Interessanter ist *Krake* als polemische Bezeichnung großer Konzerne oder von als bedrohlich und unübersichtlich empfundenen Organisationen. So reden keineswegs nur Kapitalismuskritiker. Die »Zeit« schrieb in den achtziger Jahren: »Auf dem Frankfurter Hochschulkongreß 1984 stellte ausgerechnet ein SPD-Geschäftsführer die Frage, ›ob sich der Sozialstaat nicht wie eine Krake über das Land gelegt‹ habe.« Und 2008 berichtete die »Berliner Zeitung« über eine Veranstaltung des Forschungsverbunds SED-Staat der Freien Universität Berlin: »Der Focus der Debatte sollte nämlich endlich auf den ›Kraken SED‹ gerichtet werden, nicht mehr allein auf seinen ›Fangarm‹, die Stasi.«

Die Kraken-Metapher ist vermutlich aus dem Englischen zu uns gelangt. Dort wurde John D. Rockefellers monopolistischer Ölkonzern Standard Oil schon 1878 in einer kritischen Firmenmonographie als *Octopus* bezeichnet. Legendär ist eine Karikatur von Udo J. Keppler, die am 7. September 1904 im »Puck Magazine« erschien. Sie zeigt Standard Oil als einen riesigen Öltank mit Krakenarmen, die das ganze Land umschlingen und nach dem Weißen Haus greifen.

Dieses Bild hat im 20. Jahrhundert viele Nachahmer gefunden. Oft werden die Arme des dargestellten Kraken als Verästelungen der jüdischen Weltverschwörung interpretiert. Eine Zeichnung aus Nazideutschland zeigt um 1940 den britischen Premier Winston Churchill als Krake, dessen Arme die Welt umschlingen und mit blutiger Tinte beflecken. Über seinem kahlen Haupt schwebt wie ein Heiligenschein der Davidstern.

In diese unselige Ikonographietradition reiht sich noch eine Karikatur von Burkhard Mohr ein, welche die »Süddeutsche Zeitung« 2014 veröffentlichte und die den Facebook-Chef Mark Zuckerberg als Krake zeigt, der nach unseren Daten greift. Aus seiner Nase wachsen zwei seiner zahlreichen Fangarme. Der gebildete Herr Mohr zitiert darin, bewusst oder unbewusst, Kepplers legendäre Standard-Oil-Zeichnung. Nur sieht das Bild nach den Erfahrungen des 20. Jahrhunderts eben doch eher aus wie ein Hetzbild des langnasigen Juden aus dem »Stürmer«.

Was Mohr darstellen wollte, war der Begriff *Datenkrake*. Seit 2004 wird von einem Bielefelder Verein der Big Brother Award an die »gemeinsten Datenkraken Deutschlands« verliehen. Preisträger waren in den ersten Jahren unter anderem die Payback-Rabattkarte (für das zentrale Sammeln von Konsumentendaten), der damalige Innenminister Otto Schily (für die Anti-Terrorgesetze), die Bayer AG (für den Drogentest per Urinprobe bei ihren Auszubildenden) und das Ausländerzentralregister (für »institutionalisierte Diskriminierung«).

Seit Mitte der nuller Jahre wird *Datenkrake* aber vor allem im Zusammenhang mit amerikanischen Big-Data-Konzernen wie Google und eben Facebook verwendet. Sowohl zum zehnten Geburtstag von Google 2008 als auch zu dem von

Facebook 2014 erschienen in zahlreichen Medien von der »NZZ« bis zum »SWR« Artikel mit der Überschrift »Happy Birthday, Datenkrake!«. Der wohlige Grusel, der in ihnen aufscheint, unterscheidet sich gar nicht so sehr von demjenigen, mit dem die Wikinger einst von Kraken draußen vor den heimischen Fjorden phantasierten.

Krebs

Lange habe ich geglaubt, die Bezeichnung *Krebs* für eine oft tödlich verlaufende Zellerkrankung habe etwas mit den Schmerzen zu tun, die der Krebs verursacht – weil der Patient leidet, als schnitten ihm die Zangen eines grausamen Schalentiers ins Fleisch. Erst bei meinen Recherchen für dieses Buch lernte ich, dass zwar schon die Griechen die Krankheit und das Tier mit dem Wort *karkinos* bezeichneten, dass sie dabei aber an die äußere Form der Geschwüre dachten, die bei den ihnen bekannten Krebsarten auftraten. Als Krankheitsname taucht *karkinos* im Corpus Hippocraticum auf, jener Sammlung von medizinischen Texten, die im 5. bis 2. Jahrhundert v. Chr. zusammengestellt wurde und nach dem Arzt Hippokrates benannt ist. Schon Aristoteles nennt oberflächlich feststellbare, in benachbarte Organe infiltrierende und einwachsende Geschwüre so. Und Galen, der wichtigste Medizinlehrer der Spätantike, beschreibt, wie es zu dieser Benennung gekommen ist: »An der Brust sahen wir häufig Tumoren, die der Gestalt eines Krebses sehr ähnlich waren. So wie die Beine des Tieres an beiden Seiten des Körpers liegen, so verlassen die Venen den Tumor, der seiner Form nach dem Krebskörper gleicht.«

Im Englischen bezeichnet man mit *cancer*, das sich aus dem lateinischen *cancerus* entwickelt hat, nur die Krankheit und das Sternbild, aber nicht das Tier. Die Deutschen halten es wie die Griechen und nennen beide *Krebs*. Das lateinische *cancer* steckt aber noch im Wort *Schanker* für diverse Geschlechtskrankheiten, *harter Schanker* nannte man die Syphillis, *weicher Schanker* den Tripper. Das Wort wurde im 18. Jahrhundert aus dem französischen *cancer* entlehnt.

Seit etwa 1800 wird *Krebsgeschwür* auch im übertragenen Sinne für missliebige politische und gesellschaftliche Phänomene gebraucht. Eine solche Metaphorik lag ja nahe, seitdem man in der politischen Theorie mindestens seit dem 17. Jahrhundert vom *Staatskörper* sprach. So schreibt die Münchner »Allgemeine Zeitung« am Donnerstag, den 19. Januar 1815 über das von den muslimischen Ländern Nordafrikas ausgehende Piratenwesen im Mittelmeer: »Der englische Dreizak allein kann, wenn es sein ernster Wille ist, mit ungeheucheltem Einverständnis der übrigen Nationen dis Krebsgeschwür, was seit Jahrhunderten an der europäischen Menschheit nagt, an der Wurzel ausstechen und mit dem glücklichsten Erfolg operieren.«

Der *Krebsgang* ist dagegen wieder vom Tier inspiriert, das man sich als rückwärtskrabbelnd vorstellt – so schon in der bereits mittelhochdeutsch überlieferten Fabel vom Wettlauf zwischen Krebs und Fuchs. Das Wort war ein Lieblingsausdruck Luthers. Über seine Widersacher höhnte der Reformator beispielsweise: »Sie habens aber im Sinn, Gottes Volk und Wort schlecht zu vertilgen. das gehet denn den Krebsgang, das sie selbst drüber zu scheitern gehen.«

Auch *krebsen* oder *herumkrebsen* im Sinne von »sich mühselig ernähren« hat einen anderen Ursprung, als ich bisher dachte. Es hat nichts damit zu tun, dass sich der Arme kriechend durchs Leben bewegt wie ein Krebs, sondern hängt damit zusammen, dass Krebse früher in deutschen Gewässern so zahlreich waren, dass sie als Armeleuteessen galten. Das Verb *krebsen* bekam so schon früh den Nebensinn von »im Dreck nach etwas Essbarem suchen«. In der »Geschichtsklitterung« des Johann Fischart heißt es 1875: »Sie fiengen Frösch, Krebseten, gruben Schnecken.« Und der gleiche Autor weiß: »Der Arm krebszt, wan der Reich fischt.« Weil die Krebse sich oft unsichtbar im Dunkel auf dem Grund verbargen, konnte *krebsen* auch die Bedeutung »ziellos herumsuchen« annehmen, so steht es 1691 im Wörterbuch von Kaspar Stieler. Heute, wo Hummer als Inbegriff versnobter Luxusmahle gelten und die einst massenhaft auftretenden Flusskrebse so selten geworden sind, hat sich der Ursprung des Verbs völlig verdunkelt.

Krokodil

Krokodile weinen nicht. Der Tränenfluss, der von Traurigkeit ausgelöst wird, ist ein Phänomen, das nur bei Menschen auftritt. Es gibt zwar die Theorie, dass auch andere Säugetiere in Stresssituationen Flüssigkeit aus den entsprechenden Drüsen im Auge absondern – beispielsweise Elefanten –, doch um was genau es sich dabei handelt, ist umstritten.

Trotzdem ist die Legende, dass Krokodile weinen, schon uralt. Früher hat man es sich nur anders erklärt. Schon im Mittelalter ging in Europa die Mär um, die Reptilien weinten wie Kinder, um damit Menschen anzulocken und zu verschlingen. Ähnliches erzählte man sich laut Lutz Röhrich bereits in der Antike von den Harpyien, mythologischen Mischwesen in der Gestalt eines Vogels mit Frauenkopf. Möglicherweise sei die Sage vom heimtückischen und verlogenen Weinen im griechisch-orientalischen Mischbereich auf die Krokodile übertragen worden. Denkbar wäre das; man sollte nicht vergessen, dass etwa das Krokodilmusterland Ägypten nach dem Tode Alexander des Großen bis zur römischen Eroberung von der griechischstämmigen Dynastie der Ptolemäer beherrscht wurde. Vom Griechen Herodot stammt denn auch die älteste bekannte Beschreibung des Nilkrokodils – die einzige Krokodilart, von der Europäer vor der Erforschung Asiens, des inneren Afrikas und Amerikas eine Anschauung hatten.

Aus dem Orient könnten heimkehrende Kreuzritter die Mär von den weinenden Krokodilen mit nach Europa gebracht haben. In »Brehms Tierleben« wird berichtet, dass im späten 19. Jahrhundert, als Krokodile in Ägypten schon fast ausgerottet waren, in Palästina noch in einem einzigen Fluss, dem Nahr es Zerka oder Krokodilsfluss nahe Caesarea, solche Panzerechsen lebten. In den »Bestiarien«, den im Mittelalter und der frühen Neuzeit in vielen Fassungen kursierenden Sammlungen von Tierfabeln (die jüngste Version stammt von Leonardo da Vinci) wird die Sage von den Krokodilstränen überliefert – die früheste Fassung steht im »Bestiaire Divin« des Normannen Guillaume Le Clerc aus dem Jahre 1210.

Konrad von Megenberg, der 1348 bis 1350 in seinem »Buch der Natur« erstmals das gesamte Wissen der Zeit über die Natur zusammenstellte, schreibt darin: »ain crocodill hât kein zungen, … wenn ez eines menschen ertoett, sô waint ez in.« Darin scheint schon die heutige Bedeutung von den verlogenen Tränen auf, die das Tier nicht vergießt, um Menschen anzulocken, sondern aus bloßer Heuchelei, während es seine Beute verschlingt. Erasmus von Rotterdam und die Humanisten haben dann dazu beigetragen, dass die Krokodilstränen redensartlich wurden. In seiner kommentierten Sprichwörtersammlung »Agadia« schreibt auch der größte aller Humanisten 1500 über die *Crocodilli lachrimae.*

Im Barockzeitalter ist die Redensart von den weinenden Krokodilen schon so allgegenwärtig, dass sie in Emblemen dargestellt wurde, einer damals sehr populären Literaturgattung, die ein Bild unter einer Überschrift mit einem lehrhaften Text verbindet. Von da hat die Wendung dann wieder ihren Weg in die Literatur zurückgefunden. Im Trauerspiel »Mariamne« des Dramatikers Johann Christian Hallmann erscheint dem König Herodes, der seine Verbrechen unter Tränen bereut, seine Gattin Mariamne, die er köpfen ließ, und verkündet: »Doch hilft / du Crocodil / dich nichts diss falsche Leid.« Spätestens im 18. Jahrhundert hat das Wort *Krokodilstränen* alles Bildungssprachliche verloren. Heinrich Leopold Wagner legt es in seinem Drama »Die Kindsmörderin«, von dem sich Goethe zu seiner Gretchen-Tragödie inspirieren ließ, dem Soldaten Hasenpoth in den Mund, der seinen Kameraden Gröningseck davon abhalten will, das von ihm verführte und geschwängerte Evchen zu heiraten: »Jch hab wenig Frauenzimmer angetroffen, die nicht sehnlichst wünschten bestürmt zu werden, und noch die erste zu sehn, die nicht nach der Niederlage ein paar Krokodilsthränen geweint hätte.«

Ähnliche Ausdrücke existieren auch in anderen Sprachen: *Krokodilletranen* im Niederländischen, *crocodile tears* im Englischen und *larmes de crocodile* im Französischen. Der Zoologe Vitus B. Dröscher erklärt die Sage von den Krokodilen, die weinen, um sich dann auf angelockte Menschen zu stürzen, folgendermaßen: Kurz vor dem Schlüpfen geben die Krokodile in den im Sand vergrabenen Eiern hohe Töne von sich, die der Mutter anzeigen, dass das Gelege freigescharrt werden muss. Diese Signale klängen für phantasievolle Seelen wie Kinderweinen. Schon der Zoologe Alfred Voeltzkow, der 1890 in seinem Arbeitszimmer in Majunga (Madagaskar) Krokodileier in Sandkisten vergrub, um das Schlüpfen zu beobachten, hat solche Klänge bezeugt: »Diese Töne sind so laut, dass, wenn die Eier frei liegen, man sie ganz deutlich im Nebenzimmer hört.« In der Natur locken sie die Mutter an, obwohl die Sandschicht über den Eiern bis zu einem halben Meter dick ist, denn das Gehör der Krokodile ist, wie schon Herodot beobachtet hat, besonders fein. Wenn im heiklen Moment des Ausgrabens ein Mensch oder ein anderes Tier dazukommt, wird die Krokodilmutter aggressiv. Man kann darin nichts Böses sehen. Die Redensart von den *Krokodilstränen* ist also eigentlich reine Reptilienverleumdung.

Kröte

Heutzutage leckt man Kröten eher, als sie zu schlucken. Leute, die gerne mit Drogen experimentieren und keinen Ekel kennen, haben wiederentdeckt, was schon im Mittelalter bekannt war: dass manche Kröten zur Abwehr gegen Fressfeinde ein Sekret produzieren, welches bei Menschen LSD-artige Halluzinationen auslösen kann, wenn es oral eingenommen wird. Meist wird dabei auf die in Nord- und Mittelamerika heimischen Arten Colorado-Kröte und Aga-Kröte zurückgegriffen. Aber es gibt auch hierzulande berauschende Lurche. Das Hautsekret der in Europa weitverbreiteten Erdkröte wurde seit dem Altertum als Heilmittel und zur Herstellung von aphrodisierenden Zaubertränken verwendet. Im Mittelalter galt die Kröte als Hexentier. Ältere Fernsehzuschauer werden sich erinnern, dass der Magier Catweazle aus der gleichnamigen Fernsehserie der siebziger Jahre, den ein Zeitsprung aus dem 11. Jahrhundert in die Gegenwart verschlagen hatte, eine Kröte namens Kühlwalda als Haustier hielt. Allerdings sondert die Erdkröte ebenso wie die Wechselkröte und Kreuzkröte schon aufgrund ihrer geringeren Größe nicht annähernd so viel berauschendes Bufotenin ab wie ihre amerikanischen Verwandten.

Ähnlich wie beim Wort *Wurm* darf man sich auch bei *Kröte* in älteren Texten auf gar keinen Fall darauf verlassen, dass es sich hier um die zoologisch exakte Bezeichnung des Tieres handelt, das wir heute so nennen. Noch heute können ja die wenigsten Menschen sagen, worin genau der Unterschied zwischen Fröschen und Kröten besteht. In Luthers Bibelübersetzung hieß es bei den endlosen Speisevorschriften des Buches Leviticus, die Gott angeblich Moses und Aron detailliert diktiert hat: »DJese sollen euch auch vnrein sein vnter den Thieren / die auff erden kriechen / Die Wisel / die Maus / die Kröte.« In der 2017 neu erschienenen Fassung der Luther-Bibel ist aus der *Kröte* eine *Eidechse* geworden, weil das hebräische Wort eine Eidechsenart bezeichnet. Aber immerhin kam Luther der biologischen Wahrheit schon näher als die lateinische Vulgata, die in der Spätantike und dem Mittelalter der verbindliche Bibeltext war. Dort ist das verbotene Tier ein *crocodilus*. Und in der lange Zeit maßgeblichen englischen King James Bible war es eine *tortoise*, also eine Schildkröte.

Krokodil und Schildköte würden jedem Großmaul im Halse stecken bleiben, aber auch eine Kröte will niemand hinunterwürgen und keineswegs nur, weil Gott es verboten hat. Die Redensart *eine Kröte schlucken* »etwas Unangenehmes hinnehmen (oft als das kleinere Übel)« ist erst in moderner, säkularisierter Zeit entstanden. Erstmals nachweisen lässt sie sich bei Maximilian Hardenberg, der 1903 in seiner

Wochenschrift »Die Zukunft« behauptet: »Man muß täglich eine Kröte schlucken, lehrte Zola, ehe er in die Sonne kletterte.« Hardenberg war Berliner, aber aus dem frühen 20. Jahrhundert existieren Hinweise, dass die Redensart in der Variante *die Kröte schlucken* in Österreich und hier speziell in Kärnten weitverbreitet war. Lutz Röhrich schreibt in seinem Sprichwörter-Lexikon, die Wendung sei »in der Gegenwart häufig in der politischen Sprache gebraucht und illustriert worden«. Diese Beobachtung lässt sich mit elektronischen Textkorpora untermauern, dort findet man den Spruch in der Nachkriegszeit immer häufiger – vielleicht weil Kompromisse, bei denen man auch weniger Angenehmes hinnimmt, zum Wesen einer funktionierenden Demokratie gehören.

Wie so viele andere Tiere, darunter die *Mäuse* und die *Flöhe*, sind auch die *Kröten* im Plural zum umgangssprachlichen Synonym für Geld geworden. Die Bedeutung ist zuerst in Thüringen, Sachsen und Schlesien volkstümlich gewesen, heute ist sie allgemeindeutsch. Nachweisen lässt sie sich – wie so vieles Umgangssprachliche in der Literatur – zuerst bei zweitrangigen Dichtern Mitte des 19. Jahrhunderts: Beim Leipziger Erfolgsdramatiker Roderich Benedix und beim in Breslau geborenen Karl von Holtei, in dessen Roman »Christian Lammfell« es über einen Verschwender heißt: »Er hat die letzten Kröten aus der Kasse verschlungen.« In diesem speziellen Falle war das Krötenschlucken ausnahmsweise mal nichts Unangenehmes.

Kuh

Das Uninteressanteste an *Kuh* ist eigentlich, dass man seit dem Frühneuhochdeutschen vermeintlich dusselige Frauen mit diesem Schimpfwort belegt, wie es stellvertretend für viele andere Männer noch Alfred »Ekel« Tetzlaff in der legendären Siebziger-Jahre-Fernsehserie »Ein Herz und eine Seele« tat. Die angenommene Dummheit der weiblichen Rinder und die unterstellte Dämlichkeit der beleidigten Frauen erklären die Benennungsmotivation von selbst. Ähnlich wie *Kuhfuß* als Bezeichnung für eine Brechstange mit einer gespreizten Spitze zum Nägelziehen sofort einleuchtet, wenn man die Anatomie des Rinderhufs vor Augen hat.

Auch warum es schwierig ist, *die Kuh vom Eis* zu holen, versteht man unmittelbar. Genauso wie *da fliegt die Kuh* »es wird ausgelassen gefeiert« ist auch jene Wendung erst in den vergangenen Jahrzehnten aufgekommen.

Spannender ist da schon die *heilige Kuh* als Ausdruck für etwas, woran nicht gerührt werden darf. Vorbild war hier natürlich die unantastbare, wenn auch nicht im christlichen Wortsinne »heilige« Kuh im Hinduismus. Wie alt die herausgehobene Stellung in der indischen Religion ist, zeigt schon das Sanskrit-Wort *aghnya* (»die Unantastbare«) für die Kuh. Angeblich sollen islamische Erobererheere in Indien Kühe vor sich hergetrieben haben, um die Hindu-Verteidiger vom Schießen abzuhalten, denn diese durften ja keine Kühe töten.

Heilige Kühe gab es aber auch in anderen Religionen, so beispielsweise im Schöpfungsmythos der spätgermanischen »Edda«, wo die Kuh Auðhumla den Riesen Ymir nährte, der als erstes erschaffenes Lebewesen gilt. Oder im 2000 v. Chr. entstandenen altägyptischen »Totenbuch«, einer Sammlung von Zaubersprüchen, Beschwörungsformeln und liturgischen Anweisungen.

Redensartlich lässt sich *heilige Kuh* seit den zwanziger Jahren nachweisen. Da wird am 26. März 1927 der amerikanische Kulturhistoriker und Philosoph Will Durant im »Prager Tageblatt« zitiert: »Die Göttlichkeit der Demokratie ist bei uns ein Jahrhundert lang eine heilige Kuh gewesen!«

Rätselhafter ist *das geht auf keine Kuhhaut* »das ist unerträglich, das übersteigt jegliches Maß«. Der Ursprung liegt in einer zuerst vom 1240 gestorbenen französischen Kleriker Jacques de Vitry überlieferten christlichen Einschüchterungsfabel, in der ein Priester während des Gottesdienstes einen Teufel mit den Zähnen an einem Pergament aus Kuhhaut reißen sieht, weil es nicht groß genug ist, um das eitle Geschwätz und die Sünden der Gemeinde darauf zu notieren. Der Witz daran ist, dass Pergament zum Schreiben eigentlich nicht aus Kuhhäuten gemacht wurde, sondern aus Schafs- oder Kalbshaut. Aber die Sünden der Menschen sind so groß, dass selbst eine Kuhhaut nicht groß genug ist, um sie alle zu notieren.

Vitrys Erbauungserzählung ist dann auch im deutschsprachigen Raum verbreitet und häufig dargestellt worden. Ein Wandfresko aus dem 14. Jahrhundert in der Kirche St. Georg auf der Bodenseeinsel Reichenau zeigt eine Kuhhaut, die von vier Teufeln im Kreis gedreht wird. Man sieht dahinter zwei plaudernde Frauen und eine Hängelampe mit Kreuzen, die andeutet, dass das Gespräch in einer Kirche geführt wird. Daneben steht erläuternd ein Gedicht: »ich wil hie schribvn / von diesen tvmben wibvn / was hie wirt pla-pla gvsprochvn / vppigs in der wochvn / was wirt allvs wol gvdaht / so es wirt für den richtvr braht« (»Ich will hier von den dummen Weibern schreiben; was hier an Blabla die ganze Woche geredet wird, dessen wird gedacht werden, wenn es einmal vor dem Richter steht«). Damit soll illustriert werden, dass das unnütze Gerede der Frauen auf keine Kuhhaut geht.

Wörtlich ist die Redensart erstmals bei Johann Fischart 1573 in dessen Werk »Flöhhatz« belegt, wo zwei Frauen während der Messe unendlich viel von Kleidern, Geld und Essen schwatzen und der mitschreibende Teufel sich beklagt: »Darzu ich ja nicht der Teufel haiß / Der hinder der Meß ohn gegaiß / Ain Kühhaut voll schrib solcher Reden, / Die zwei frumb Weiblin zusammen hetten. / Ich wolt er het ghabt treck in Zänen / Da er die Kühhaut mußt ausdehnen.« Als der alte kirchliche Sinn allmählich in Vergessenheit geraten war (vor allem nach der Reformation), konnte *das geht auf keine Kuhhaut* dann auch auf Profanes bezogen werden.

Laus

Wenn im Vorwort dieses Buches behauptet wurde, die Tiere verschwänden allmählich ganz aus unserem postmodernen Leben, dann gilt das bestimmt nicht für die Laus. In den Kindergärten und Schulen Deutschlands erlebt dieser verschwundene Blutsauger seit etwa zwei Jahrzehnten ein Comeback, weil die Haare länger werden, weil das Verhältnis zur Körperpflege entspannter ist und weil die Eltern den chemischen Keulen von früher misstrauen, mit denen man den Läusen fast den Garaus gemacht hatte.

Obwohl die Laus sich im Leben wieder auf dem Vormarsch befindet, ist sie sprachlich auf dem Rückzug. *Lausebengel* oder *Lausejunge* sagen nur noch Leute, die *dufte* für ein hippes Jugendwort halten und fürchten, der *Lauser* könnte demnächst ihrem *Backfisch* nachstellen. Der *Lausbub* ist immerhin durch Ludwig Thomas »Lausbubengeschichten« aus dem Jahre 1905 literatursprachlich verewigt. Der schwäbische Philosoph Friedrich Wilhelm Joseph Schelling wusste nicht nur schon vor Sigmund Freud, dass es ein Unbewusstes gibt, er konnte auch gut erklären, was ein *Lausbub* ist, nämlich ein Wort, »welches in unserem süddeutschen

Dialekt ein Subjekt bedeutet, das kein übles Ingenium hat, aber sich durch einen schäbigen Willen unnütz macht«.

Die Vorsilbe *Laus-* wird in solchen Zusammensetzungen nicht zufällig seit dem 18. Jahrhundert produktiv. Zugrunde liegt ihr die urbürgerliche Vorstellung, dass körperliche Verkommenheit ein Abbild moralischer Unzuverlässigkeit ist. Jüngstes Mitglied in der Gruppe dieser Wörter ist der *Lauser*, der in der heutigen Bedeutung erstmals im Duden von 1915 verzeichnet ist, während er seit dem 15. Jahrhundert zunächst jemanden bezeichnete, der Läuse hat. Bei Luther heißt schon der Geizhals so, im Buch Jesus Sirach 14,3 steht: »Der Lauser stehets nicht wol an, das er reich ist«, was in der neuesten Fassung übersetzt wird mit: »Zu einem kleinlichen Kerl passt es nicht, dass er reich ist.« Meiner Meinung nach müsste die entsprechende lateinische Vulgata-Passage »Viro cupido et tenaci sine ratione est substantia« wohl eher so übersetzt werden: »Dem Geizhals nützt sein Reichtum nichts.«

Älter ist das Adjektiv *lausig*, das seit dem 13. Jahrhundert zunächst im ganz konkreten Sinne von »verlaust« im Gebrauch ist, damals noch in der Form *lusec*. Seine heutige Bedeutung »schäbig, erbärmlich« bekommt es von Martin Luther, im 20. Jahrhundert kann es auch allgemeiner »unangenehm« bedeuten.

Das Wort *Laus* kommt in allen germanischen Sprachen vor, im Altnordischen und Altenglischen als *lus* mit langem U, und so sah es auch im Althochdeutschen und Mittelhochdeutschen aus, bevor dann beim Übergang zum Frühneuhochdeutschen aus dem langen Vokal lautgesetzlich der Diphthong *au* wurde – wie bei *hus* und *Haus.* Interessant ist, dass auch jüngere Ableitungen in anderen Sprachen eine ähnliche Bedeutungsentwicklung hatten: Das englische *lousy* bedeutet das Gleiche wie unser *lausig.*

Exklusiv haben wir Deutschen die Redensart *mich laust der Affe,* die überraschtes Staunen ausdrückt. Sie rührt von der Körperpflege der Affen her, die gar nichts mit Läusen zu tun hat, sondern bei der Hautschuppen abgepflückt werden. Lutz Röhrich sieht den Ursprung der Redensart im Berlin des 19. Jahrhunderts, wo die Redensarten *Ick denke, der Affe laust mir* oder etwas vornehmer *Ick denk, mir soll der Affe frisieren* geläufig waren. Er kennt auch alte mundartliche Varianten von ostpreußisch *Ök docht, mi sult de Ap luse* bis zum Rheinländischen *Do messt ich jo vom Affen gelaust sein* (»Da müsste ich ja blöd sein«).

Die Wendung *Es ist ihm eine Laus über die Leber gelaufen* nutzte schon der große spätmittelalterliche Prediger Johann Geiler von Kaysersberg. Sie beruht auf der alten Vorstellung, die Leber sei Sitz der leidenschaftlichen Empfindungen. Die Laus soll hier vor allem die Nichtigkeit des Anlasses ausdrücken, und außerdem stabreimt sie so schön.

Völlig auf den Kopf gestellt ist heute die Bedeutung von *jemandem eine Laus in den Pelz setzen.* Was bei uns als Gipfel der Hinterhältigkeit gilt, war den Menschen früher Ausdruck einer überflüssigen Selbstverständlichkeit, so wie heute unser *Eulen nach Athen tragen.* Denn im Pelz waren selbstverständlich immer Läuse, man musste sie nicht reinpflanzen. Bei Sebastian Brant heißt es im großen Epos »Das Narrenschiff« 1494: »Es ist nit nötig, daß man Leuß in den Belz werf, sie wachsen wol on das darin.« Diese Alltagserfahrung teilt 1512 der schon erwähnte Geiler von Kaysersberg: »Man darf nit lüs in den belz setzen, sie wachsen selbs darin.« So allgegenwärtig wie die Läuse bei ihnen waren, sind sie heute allerdings noch nicht mal in den Kitas von Berlin-Prenzlauer Berg.

Löwe

Der Löwe hat eines mit dem Drachen gemein: Obwohl auch er in historischen Zeiten in Westeuropa nicht mehr gesichtet wurde, ist der König der Tiere erstaunlich präsent in Symbolik und Sprache. Diese Präsenz beruht aber wohl kaum auf Langzeiterinnerung, obwohl es bis zur Eiszeit auch in Nordeuropa Höhlenlöwen gab. Der Löwe wurde vielmehr durch die griechisch-römische Mythologie und durch die Bibel in unserer Vorstellungswelt verankert. Das Wort hat sich aus lateinisch *leo* entwickelt; von den vielen Nebenformen wie *leuo* oder *lewe* ist heute nur noch *Leu* als Wort der Poesie verständlich, wenn auch nicht mehr im Gebrauch.

Dass der Löwe in der Antike noch auf dem Balkan und in Griechenland verbreitet war, bezeugen zahlreiche Schriftsteller, von denen Herodot, Aristoteles, Plutarch und Xenophon nur die bekanntesten sind. Die Römer importierten für ihre Zirkusspektakel so viele Löwen, dass sie vermutlich einen guten Teil dazu beigetragen haben, die Tiere in Europa auszurotten und im restlichen Mittelmeerraum zumindest stark zu dezimieren. In Palästina müssen Löwen jedoch bis zur Zeit der Kreuzzüge gelebt haben. Das belegen Berichte über Löwenjagden der Kreuzritter ebenso wie die Legende vom Löwen, den der Welfenherzog Heinrich der Löwe angeblich im Heiligen Land von einem besiegten Maurenkrieger geschenkt bekam. Als ich ein Kind war, zeigte man uns immer die Kratzspuren, die die Krallen des trauernden Löwen am Braunschweiger Dom hinterlassen haben sollen, nachdem der Herzog dort begraben worden war. Gut hundert Jahre nach den Kreuzzügen waren Löwen in Palästina vermutlich ausgestorben.

In der Bibel ist der Löwe vielfach präsent. Mal als Sinnbild der Stärke: »Was ist süßer denn Honig? Was ist stärker denn der Löwe?«, heißt es im Buch der Richter. Mal als Inbegriff des Schreckens, den die Menschen besonders mit dem Brüllen des Tieres verbanden: »Sei nicht ferne von mir, denn Angst ist nahe; denn es ist hier kein Helfer. Große Farren haben mich umgeben, gewaltige Stiere haben mich umringt. Ihren Rachen sperren sie auf gegen mich wie ein brüllender und reißender Löwe«, wird Gott im 22. Psalm angefleht. Und mal als Schimpfwort für einen besonders gierigen und gewalttätigen Menschen: »Sei nicht ein Löwe in deinem Hause, und nicht ein Wüterich gegen dein Gesinde«, rät Jesus Sirach.

Schon im Alten Testament wird *Löwe* besonders tapferen Menschen als Ehrenname verliehen. Jakob prophezeit seinem Sohn Juda, als er ihn und seine elf Brüder versammelt hat, um ihnen ihr künftiges Schicksal vorherzusagen: »Juda, du bist's, dich werden deine Brüder loben. Deine Hand wird deinen Feinden auf dem Halse sein; vor dir werden deines

Vaters Kinder sich neigen. Juda ist ein junger Löwe. Du bist hoch gekommen, mein Sohn, durch große Siege. Er ist niedergekniet und hat sich gelagert wie ein Löwe und wie eine Löwin; wer will sich wider ihn auflehnen?« In dieser Rede schwingt schon die Idee mit, dass Löwenhaftigkeit zum Königtum befähigt, und ebenso die Vorstellung, der Löwe sei der König der Tiere. »Der Löwe, mächtig unter den Tieren und kehrt nicht um vor jemand«, beschreibt den Löwen ebenfalls als Monarchen der Tierwelt.

Aber wieso wird eigentlich der Löwe als König angesehen und nicht der Elefant oder das Nashorn, um nur mal zwei Tiere zu nennen, die es mit jedem Löwen aufnehmen können? Vielleicht ist die Antwort ganz einfach: Weil die Tiere selbst es so sehen und es nicht nur in Disney-Filmen so gezeigt wird. Wahrscheinlich konnte man auch im Mittelmeerraum der Antike Szenen wie im heutigen Namibia beobachten: Ein Freund von mir hat dort erlebt, wie Hunderte von Tieren an einer Wasserstelle plötzlich still verharrten und alle in eine Richtung starrten. Von dort kam ganz gemächlich ein männlicher Löwe angetrottet. Die Zebras und andere Beutetiere stieben in panischer Flucht davon, nur die Springböcke blieben in der Nähe, weil sie für einen Löwen zu schnell sind. Aber dennoch hielten alle Tiere Abstand, und der Löwe hatte das ganze Wasserloch für sich allein, solange er trank.

Die Vorstellung vom Löwen als König der Tiere ist popularisiert und verewigt worden durch die Epen um *Reinardus*, *Renart* oder *Reineke Fuchs*, die um das Jahr 1000 herum zuerst auf Lateinisch aufgeschrieben werden und dann ihren Weg in die Volkssprachen Französisch, Niederländisch und Niederdeutsch finden. Von den frühesten Fassungen bis zu Goethes Versepos ist die Ausgangssituation der Texte immer, dass die Tiere sich vor ihrem König, dem Löwen, versammeln, um den intriganten Fuchs seiner Verbrechen anzuklagen.

Da ich Heinrich den Löwen schon genannt habe, will ich hier nicht mit einer endlosen Aufzählung von Monarchen und Kriegern ermüden, die als Löwen verherrlicht wurden. Wir wollen es mit Richard Löwenherz und Gustav Adolf, dem Löwen aus Mitternacht, gut sein lassen – und mit dem Hinweis, dass es sowohl in Braunschweig, der Residenzstadt Heinrichs des Löwen, als auch in München, das er gegründet hat, Fußballvereine gibt, die *Löwen* genannt werden. Auch mit den nicht zu überschauenden Löwen-Vergleichen in Literatur, Folklore und Poesie will ich gar nicht erst anfangen. Die meisten erklärten sich ohnehin aus den Eigenschaften, die dem Löwen gemeinhin unterstellt werden, so wie die Stelle im ersten Petrusbrief, wo es heißt: »Der Teufel geht umher wie ein brüllender Löwe und sucht, welchen er verschlinge.«

Interessanter ist da die Redensart von der *Höhle des Löwen*, in die sich nur besonders Mutige wagen. Sie geht zurück auf die 246. Fabel des Äsop, in der ein kranker Löwe den Fuchs fragt, warum er nicht näher komme. Der Fuchs antwortet, er würde schon eintreten, »wenn ich nicht sähe, dass so viele Spuren hinein-, keine aber herausführt«. Eine ähnliche Herausforderung für den Mut des Einzelnen ist die *Löwengrube*.

Das Wort geht zurück auf die biblische Geschichte von Daniel, einem jüdischen Politiker im babylonischen Exil, den der von Intriganten aufgehetzte König in eine Löwengrube werfen lässt. Als der Monarch am nächsten Morgen kommt, um zu sehen, ob Daniel noch lebt, ruft ihm der Prophet aus der Tiefe zu: »Mein Gott hat seinen Engel gesandt, der den Löwen den Rachen zugehalten hat, daß sie mir kein Leid getan haben; denn vor ihm bin ich unschuldig erfunden; so habe ich auch wider dich, Herr König, nichts getan.«

Nicht biblischen Ursprungs, aber von Martin Luther beeinflusst ist die Wendung *sich den Löwenanteil nehmen* »den größten Teil für sich beanspruchen«. Sie geht ebenfalls auf eine Fabel von Äsop zurück, nach der schon der römische Jurist Gaius Cassius Longinus einen Vertrag, der dem einen Partner alle Nachteile, dem anderen alle Vorteile lässt, *Societas leonina* genannt hat. Doch Luther hat der Geschichte auf Deutsch eine besondere Wendung gegeben: Löwe, Esel und Fuchs gehen auf die Jagd und erbeuten einen Hirsch. Der Löwe fordert den Esel auf, das Wildbret zu teilen. Als der Esel drei gleich große Teile macht, wird der Löwe so wütend, dass er dem Esel die Haut vom Kopf reißt und sein blutiger Schädel bloß liegt. Nun ist der Fuchs an der Reihe mit dem Teilen: »Der Fuchs stieß die drei Teile zusammen und gab sie dem Löwen ganz. Darüber lachte der Löwe und fragte: ›Wer hat dich so teilen gelehrt?‹ Der Fuchs zeigte auf den Esel und sagte: ›Der Doktor da im roten Barett.‹«

Weniger furchteinflößend ist der *Salonlöwe*. Das Wort bezeichnet seit Mitte des 19. Jahrhunderts einen etwas oberflächlich glänzenden Menschen, der im Mittelpunkt gesellschaftlicher Spektakel steht. Es lässt sich 1860 sowohl in der Zeitschrift »Der Sammler« als auch im Roman »Der Erbe von Schloss Ehrenfels« der Frauenrechtlerin Louise Otto-Peters nachweisen, muss demnach schon eine Weile als Spottwort im Gebrauch gewesen sein. Vielleicht ist es beeinflusst von der um 1830 aus dem Englischen entlehnten Redensart *der Löwe des Tages sein* (»im Mittelpunkt des öffentlichen Interesses stehen«). Es ist dem *lion of the day* nachgebildet, das angeblich darauf zurückgeht, dass man im Londoner Tower früher Löwen als besondere Attraktion hielt.

Der Salonlöwe kann auch eine *Löwenmähne* haben. Das Wort taucht in den 1780er Jahren zahlreich bei Schriftstellern wie Herder, Lichtenberg und Musäus auf, zunächst im engeren biologischen Sinne, dann aber schon bald auf Menschen übertragen. Immer schwingt etwas Ironie mit, vor allem wenn von Männern mit Löwenmähne die Rede ist (bei Frauen kann es Ausdruck einer gewissen Bewunderung sein). Musäus gießt Spott aus über »jene, die die Löwenmähne dicker Perücken gravitätisch zu schütteln scheinen«. August Bebel erinnert sich in seinen Memoiren »Aus meinem Leben« an den Genossen »Max Duncker, der auf seine Löwenmähne stolz war«.

Mit mehr Respekt wird die *Löwenmutter* betrachtet, die heute als Inbegriff tapferer Mutterliebe gilt, wenn sie ihre Jungen verteidigt – obwohl viele andere Tiere das auch tun, sogar wenn sie kleiner sind und dafür weitaus mehr Mut brauchen als die Löwin.

Die Löwen sind aber auch, wir haben es gesehen, immer schon gute Selbstdarsteller gewesen. Insofern passt es auch, dass ein Spruch, der nichts weiter besagt, als dass jemand laut eine Ankündigung gemacht hat, mit ihnen verbunden wird: »Gut gebrüllt, Löwe!« ist ein Zitat aus Shakespeares »Sommernachtstraum«, wo in der 1. Szene des 5. Akts ein Handwerker, der den Löwen spielt, den Darsteller der Thisbe mit seinem Gebrüll vertreibt. Der vom Auftritt der Laiendarsteller längst gelangweilte Adelige Demetrius kommentiert das in der Übersetzung von August Wilhelm von Schlegel mit »Gut gebrüllt, Löwe!«, im Original heißt es »Well roared, Lion!«.

Maulwurf

Das geheimnisumwitterte unterirdische Leben des blinden oder fast blinden Insektenfressers, der in Europa, Asien und Nordamerika seine Gänge wühlt, regt die Phantasie der Menschen seit Urzeiten an. Man sieht das sehr schön an den wandelnden Deutungen seines Namens. Das althochdeutsche *muwerfo* ist verwandt mit englisch *mow* »Heuhaufen« und altnordisch *mugi*, *mugr* »Menge, Haufen«. Der Maulwurf wurde damals also als »Haufenwerfer« angesehen, was einleuchtet, denn schließlich sind seine Erdhügelchen zumeist das Einzige, was Menschen von ihm zu sehen bekommen. Bevor die Tiere unter Schutz gestellt wurden, habe ich selbst noch mitansehen müssen, wie Gärtner mit einem Spaten neben so einem Haufen lauerten, dem Tier, wenn es sich zeigte, mit einem raschen Spatenstich den Rückweg in seinen Gang abschnitten, den Maulwurf mitsamt der Erde aushoben, auf den Boden warfen und ihn dann totschlugen.

Schon zu althochdeutscher Zeit wurde das *mu* in *muwerfo* allmählich nicht mehr verstanden. Im Mittelhochdeutschen ging man schließlich dazu über, es an *molta* und *molte*, *molt* »Staub, Erde, Erdboden« oder mül (»Staub, lockere Erde«, daher unser Wort *Müll*) anzulehnen. Der *moltwerf* oder *mulwerf* wurde nun als »Erdwerfer« verstanden.

Weil das lange *u* beim Übergang vom Mittelhochdeutschen zum Neuhochdeutschen zum *au* diphthongierte (ähnlich wurde *hus* zu *Haus*), mutierte der Tiername schließlich zum heute üblichen *Maulwurf*, über dessen Grabetechnik naive Kinder rätseln, wenn sie gelernt haben, dass er die Erde ja keineswegs mit dem Maul, sondern mit seinen vorderen Extremitäten durchwühlt.

Das klandestine Dasein des Maulwurfs hat schon früh dazu geführt, dass das Tier als Metapher für Menschen, die unter der Erde oder im Geheimen wirken, herhalten musste. Das kann sich ganz konkret auf ein subterranes Dasein beziehen – »Old Mole« redet Shakespeares Hamlet den Geist seines Vaters an, weil dieser im Grab offenbar ziemlich geschäftig ist. Im fünften Band seiner »Deutschen Geschichte im Neunzehnten Jahrhundert« schreibt Heinrich von Treitschke über den 1841 zum zweiten Mal nach 1814 zum preußischen Kriegsminister berufenen Hermann von Boyen, einen Militärreformer: »Auch in seinem eigenen Ministerium machte er bald die Erfahrung, daß er vor fünfundzwanzig Jahren, trotz der vielbeklagten Unentschlossenheit des alten Königs und trotz der Feindseligkeit der Maulwürfe, wie er seine Gegner nannte, doch weit rascher vorwärts gekommen war als jetzt.« Die negative Bedeutung von *Maulwurf* wird verständlicher, wenn man bedenkt, dass *Wühler* seit der Revolution von 1848 ein Schimpfwort konservativer Kreise für radikale politische Agitatoren – also Leute, die

Demokratie und eine Republik forderten – war. Otto Ladendorf erklärt dazu in seinem Schlagwörterbuch: »Eigentlich bezeichnet Wühler den Maulwurf.«

Maulwurf als Bezeichnung für einen Spion ist dagegen ein Wort des Kalten Krieges. Es bezeichnet einen Agenten, der in ein feindliches Land entweder eingeschleust wird oder dort angeworben wird, um nach einem langfristigen Weg durch die Institutionen an eine strategisch wichtige Stelle zu gelangen. Das Wort ist eine Lehnübersetzung des gleichbedeutenden englischen *mole*. Die Erfindung des Ausdrucks schreibt das »Oxford English Dictionary« dem Spionage-Thriller-Autor John le Carré zu, in dessen Roman »Dame, König, As, Spion« von 1974 es um einen russischen Maulwurf im britischen Geheimdienst geht. Zwar sei *mole* sehr selten auch schon vorher in diesem Sinne gebraucht worden, doch erst von le Carré hätten es die internationalen Spionagedienste in ihren Jargon übernommen, wo es bis heute mit *Schläfer* konkurriert. Im »Spiegel« lässt sich Maulwurf für einen Agenten bezeichnenderweise erstmals im August 1974 in einer Rezension der Übersetzung von le Carrés Roman nachweisen, obwohl in Deutschland ja schon kurz zuvor – im Juni 1974 – der Maulwurf Günter Guillaume im Kanzleramt Willy Brandts enttarnt worden war. Vermutlich griff man hierzulande das neue Wort gerade deswegen so gerne auf: Man hatte den richtigen Begriff zur richtigen Zeit aus England geliefert bekommen.

Maus

Früher waren Mäuse im menschlichen Leben als unerwünschte Kostgänger in Haus und Speicher so allgegenwärtig wie die Läuse als Parasiten am Körper. Man konnte sie dezimieren, etwa indem man eine Katze *mausen* ließ (daher die Redensart *die Katze lässt das Mausen nicht* »jemand lässt nicht von alten Gewohnheiten, jemand hat alte Fähigkeiten nicht verlernt«), aber wurde sie doch nie ganz los. Den robusten Umgang mit jenen Eindringlingen konnte ich in meiner Kinderzeit auf dem Dorf beobachten, als der Vater eines Freundes eine Maus, die sich auf einem leicht über Kopfhöhe angebrachten Regal im Schuppen versteckt hatte, am Schwanz festhielt, den das Tier ungeschickterweise durch die Ritze zwischen Wand und Regalbrett baumeln lassen hatte. Dann reckte er sich und schlug die Maus mit der bloßen Faust tot.

Heute ist die Haltung von Stadtmenschen gegenüber Mäusen sensibler, um nicht zu sagen: sentimentaler. Als meine Exfrau in ihrer Geschirrspülmaschine einmal eine ertrunkene Maus entdeckte, die wohl vom Lebensmittelduft der ungewaschenen Teller dorthin gelockt worden war, war ihre Reaktion eine Mischung aus Ekel und Trauer um das arme Tierchen. Andere Freunde machten sich die Mühe, eine Maus, die sie mit einer Käfigfalle in ihrer Wohnung gefangen hatten, auf einer grünen Wiese in einem Park auszusetzen – nur um dann mit anzusehen, wie sogleich ein Raubvogel aus dem Himmel stürzte und das schreiende Tierchen in seinen Krallen davontrug.

Die Mäuse mussten vielleicht erst aus dem Alltag zumindest der Metropolenbewohner verdrängt werden, bevor man anfangen konnte, sie als niedlich zu empfinden. Micky Maus wäre ohne die Hygiene moderner Steinhäuser möglicherweise nie zum Weltstar geworden. Allerdings ist die Anrede *Maus* für ein geliebtes Wesen schon durchaus älter. Matthias Claudius schrieb 1775 »Ein Lied in der Haushaltung. Zu singen, wenn ein Wechselzahn soll ausgezogen werden«. Darin lullt die Mutter ihr Kinde ein: »Wir ziehn nun unsern Zahn heraus, / Sonst tut der Schelm uns Schaden. / Und sei nicht bange, kleine Maus! / Gleich hängt er hier am Faden.«

Und im Sommer 1787 schrieb Schiller eine kurze Komödie namens »Körners Vormittag« als Geschenk zum 31. Geburtstag seines Freundes Christian Gottfried Körner. Es handelt sich um eine humoristisch überspitzte Schilderung des Körner'schen Alltags in Dresden, so wie Schiller ihn kannte. Darin redet der Titelheld seine Frau Minna mehrfach mit »kleine Maus« an und bittet sie: »Gib mir einen Kuss, kleine Maus.« Bei Schiller ist – an besonders prominenter Stelle – auch eine der bekanntesten Redensarten, die sich um Mäuse dreht, überliefert: »Mit Speck fängt man Mäuse« lässt der

Dichter in »Die Räuber« den wilden Spiegelberg sagen, der einen Diener dazu gebracht hat, den Schlüssel des Hauses seiner Herrschaft in Wachs abzudrücken.

Bei Schiller geht es in der Körner-Komödie auch ständig um Geld, das Handwerker, die Hausfrau oder die Dienstboten vom Titelhelden verlangen. *Mäuse* als Bezeichnung für Geld geht aber nicht auf das Tier zurück, sondern ist aus dem rotwelschen Wort *Moos* oder *Mous* entstanden, dem wiederum das jiddische *moo* »Pfennig« zugrunde liegt. Es wird wohl erst um 1900 in die Umgangssprache gelangt sein, denn das Grimm'sche Wörterbuch verzeichnet diese Bedeutung 1882 noch nicht.

Rätselhaft ist uns heute die Redensart *Da beißt die Maus keinen Faden ab.* Röhrich erklärt, sie stehe vermutlich im Zusammenhang mit der heiligen Gertrud von Nivelles, die im Mittelalter vor allem zur Abwehr von Ratten- und Mäuseplagen angerufen wurde: »Der Tag der hl. Gertrud, der 17. März, spielt im bäuerlichen Kalender eine große Rolle; es ist der Beginn des Frühlings, an dem die Winterarbeiten eingestellt werden und mit der Feldbestellung und Gartenarbeit begonnen wird. Wenn am Gertrudentag noch gesponnen wurde, so behauptete man, werde der Flachs von den Mäusen zerfressen oder der Faden abgebissen.«

Die Formel *Mann und Maus* »sämtliche Lebewesen« gibt es seit dem 17. Jahrhundert in verwandten europäischen Sprachen. 1611 ist *neither man nor mouse* im Englischen nachweisbar und 1624 *Men en Muis* im Holländischen. Da die frühen deutschen Belege bei Wieland und Bürger im

18. Jahrhundert alle mit Schiffsunglücken zu tun haben – dort sinken Schiffe mit Mann und Maus oder werden mit Mann und Maus Beute von Korsaren –, ist anzunehmen, dass die stabreimende Formel über die Seemannssprache aus dem Sprachgebrauch der führenden Seefahrernationen England und Holland übernommen wurde.

Jünger ist das Adjektiv *mucksmäuschenstill.* Belegen lässt es sich seit 1903. Wahrscheinlich ist es mündlich in der zweiten Hälfte des 19. Jahrhunderts in Gebrauch gekommen, denn 1904 wird es schon in einem deutsch-englischen Lehrbuch erklärt, und in solche Werke gelangt ja eher selten die allerneueste Modesprache. In der »Zeitschrift für den deutschen Unterricht« heißt es 1909, das Wort sei »heute sehr gebräuchlich«. Es handelt sich um eine verstärkende Verbindung, die besagt, dass jemand still wie eine Maus ist und keinen *Mucks* (seit dem 17. Jahrhundert für einen halb unterdrückten Laut) macht.

Die *Maus*, die unser Leben heute am meisten prägt, hat nie mit Käse zu tun gehabt, aber viel mit einem Apfel: 1983 brachte die Firma Apple den Computer Lisa auf den Markt, den ersten, der mit Hilfe von Mausklicks bedient werden konnte. Ein Meilenstein der Rechnertechnik. Ähnliche Geräte hatten zwar schon in den sechziger Jahren Douglas Engelbart in Stanford und der Deutsche Rainer Mallebrein für die Firma Telefunken entwickelt, aber da Computer damals noch keine graphischen Benutzeroberflächen hatten, konnte man mit ihnen noch nichts anfangen. Mit Apples Lisa kommt auch das neue Wort nach Deutschland. Im »Spiegel«

wird die Arbeitsweise mit dem völlig neuartigen Gerät im Mai 1983 so beschrieben: »Lisa-Freunde rollen ein kleines Elektronik-Kästchen – Maus genannt – auf dem Schreibtisch hin und her und steuern so einen Pfeil auf dem Bildschirm.«

Das englische *mouse* für ein derartiges Computer-Steuerungsgerät geht wohl auf Douglas Engelbarts Labor zurück. Zwar nennt er den Ausdruck in seinem 1970 eingereichten Patent nicht, aber sein Mitarbeiter W.K. English schreibt schon 1965 in einem Forschungsbericht über die neue »Computer-aided Display Control«: »Within comfortable reach of the user's right hand is a device called the ›mouse‹ which we developed for evaluation as a means for selecting those displayed text entities upon which the commands are to operate.«

Der Name muss Engelbart & Co. wohl in den Sinn gekommen sein, weil das Kabel, das das kleine Handeingabegerät mit dem Computer verband, an ihm hing wie der Schwanz einer Maus. Ungefähr zur gleichen Zeit, als Engelbart die Computermaus entwickelte, sah ich mit an, wie eine Maus, die am Schwanz festgehalten wurde, von einer Männerfaust zu Mus geschlagen wurde. Ich bin nicht irre genug, um an irgendeine Art von metaphysischer Koinzidenz zwischen den beiden Vorgängen zu glauben. Doch heute sind es die Mäuse, die uns Sklaven des Digitalen mit ihrem Schwanz vor dem Bildschirm festhalten.

Pferd

In der ältesten literarischen Erwähnung eines Pferdes, in einem babylonischen Keilschrift-Fragment, spricht das stolze Tier, das Krieger in den Kampf trägt: »Mein Fleisch wird nicht gegessen, ich bin glorreich in der Schlacht.« Dagegen jagten unsere Vorfahren in der Steppe wohl Pferde zunächst, um sie zu verzehren. Erst dann domestizierten sie die Tiere. Die Indogermanen gelten heute als die Ersten, die Pferde genutzt haben – zunächst vielleicht schon ab dem 7. Jahrtausend v. Chr., da berittene Hirten die großen Herden von Schafen und Ziegen besser kontrollieren konnten, dann ab dem 5. vorchristlichen Jahrtausend als Packtiere, ein Jahrtausend später als Zugtiere für Wagen mit Rädern und schließlich ab dem 3. Jahrtausend als Reittiere für Kriegereliten.

Die Nutzung des Pferdes erklärt, wie sich die indoeuropäischen Steppennomaden von Südrussland, wo man heute ihre Urheimat vermutet, im Westen bis nach Indien und Persien und im Osten bis zum Atlantik ausbreiten konnten. Harald Haarmann schreibt in seinem Buch »Auf den Spuren der Indoeuropäer«: »Die zentrale Bedeutung des Pferdes für die frühen Indoeuropäer ist allein schon aus seiner Rolle als

Motiv in der bildenden Kunst sowie im alten Mythenschatz zu erschließen.« Auf das Wort *hekuos*, das Wissenschaftler für die indogermanische Ursprache rekonstruiert haben, geht lateinisch *equus*, griechisch *hippos*, altpersisch *asa* und altindisch *asva* zurück. Auch die Vorgängerformen für unsere Wörter *Rad* und *Achse* lassen sich in vielen Frühstufen indogermanischer Sprachen nachweisen. Unser *Pferd* ist allerdings nicht so alt; es hat sich aus spätlateinisch *paraveredus* »Postpferd« entwickelt.

Von den frühen indogermanischen Reitern führt ein Weg über die Kelten, die die Pferdegöttin Epona verehrten und die Germanen, deren Hochschätzung des Pferdes Tacitus bezeugt, zu den berittenen Kriegern des Frankenreichs, aus denen sich die mittelalterliche Ritterkaste entwickelte. Die westlich-europäische Zivilisation ist mit Hilfe von Pferden erbaut und ausgebreitet worden, und noch bei ihrer Ausdehnung in die Weiten Sibiriens durch die Kosaken und über den amerikanischen Kontinent durch Spanier, Engländer und Franzosen war das Pferd entscheidend. Bekanntlich hielten die Azteken, die wie alle amerikanischen Ureinwohner das Pferd nicht kannten, die berittenen Konquistadoren von Cortez für göttliche Fabelwesen.

All dies mag erklären, warum das Pferd neben Hund und Katze das Tier ist, das besonders viele Hufspuren in Redensarten hinterlassen hat. So viele, dass ich den Wörtern *Ross* und *Pony* eigene Kapitel widme, um dieses hier nicht allzu sehr aufzublähen.

Angesichts der Bedeutung des Pferdes überrascht es jedenfalls nicht, dass es als höchstes Charakterlob für jemanden gilt, wenn es heißt: *mit dem kann man Pferde stehlen.* Bereits im 1621 erschienenen zweiten Teil von Zacharias Theobalds Buch »Hussitenkrieg« heißt es über böhmische Adelige, die in besagtem Krieg zweihundert Jahre zuvor eine Rolle spielten: »Jetzt waren sie seiner Söhn und des Rosenbergers beste Freund und wie man im Sprüchwort sagt hätten sie miteinander dörffen pferd wegreiten.« Ein bisschen von der alten Gutsherrenmentalität scheint noch durch, wenn ein Chef seinen leistungsfähigsten Mitarbeiter als *das beste Pferd im Stall* bezeichnet.

Dagegen steht der ungeschickte Umgang mit Pferden für die Dummheit und Ungeschicklichkeit schlechthin. Analog zur deutschen Redensart *das Pferd vom Schwanz* oder *von hinten aufzäumen* »etwas auf die umständlichste Weise anfangen« sagt man im Französischen *brider son cheval par la queue.* In einem Brief Martin Luthers an die Stadt Frankfurt am Main heißt es ironietriefend: »Das heißt der rechte Meister Klügle: Der das Roß am Hintern zäumen kann und reitet rücklings seine Bahn.«

Aber vielleicht sind alle, die das Pferd von vorne aufzäumen, ja nur langweilige Traditionalisten und derjenige, der es von hinten aufzäumt, ein Pionier, der nach Jahrtausenden endlich die richtige Methode entdeckt hat, denn: *Man hat schon Pferde kotzen sehen und das direkt vor der Apotheke.* Diese Wendung, die ausdrückt, das manchmal das für unmöglich Gehaltene eintrifft, gibt es seit ca. 1900. Wenn derartig Unvorhergesehenes passiert, sagt der Betroffene möglicherweise: *Ich glaub' mich tritt ein Pferd.* Den Spruch hat der SPD-Finanzminister Hans Apel zu seinem Markenzeichen gemacht. Es war sein Kommentar vor laufenden Kameras, als er, 1975 aus den USA zurückkehrend, mit einem neuen Haushaltsloch konfrontiert wurde.

In solchen Situationen sollten niemandem *die Pferde durchgehen*, er also nicht die Nerven verlieren, und es sollte bitte auch keiner *die Pferde scheu machen* und unnötige Aufregung verbreiten. Besser ist es, sich am Ratschlag *Immer langsam mit den jungen Pferden* zu orientieren, also nicht in Hektik auszubrechen. Der Gegensatz dazu ist der Unwille, der mit dem Satz *Mich bringen keine zehn Pferde von hier weg* ausgedrückt wird. Der Spruch ist literatursprachlich zum ersten Mal 1776 belegt im Drama »Die Kindsmörderin« von Heinrich Leopold Wagner, der ganz im Sinne des Sturm und Drang die rhetorisch blasse Poesie des 18. Jahrhunderts revolutionieren wollte, indem er die Umgangssprache mit ihren vielen plastischen Wendungen auf die Bühne brachte. Da sagt die Frau Humbrecht, die Mutter eines entehrten Mädchens, als ihr empfohlen wird, rauszugehen, während das vermeintliche Lotterleben ihrer Tochter offenbart wird: »Keine zehn Pferd bringen mich fort! – Nicht von der Stelle! – ich will mit anhören, was er meinem Evchen nachsagen kann.«

Die Zugkraft des Pferdes ist schließlich sogar eine physikalisch genau festgelegte Maßeinheit für Maschinenkraft geworden, die mit dem Wort *Pferdestärke* (fast immer im Plural) und seiner Abkürzung *PS* bezeichnet wird. Gemeint ist damit eine Leistung von 75 Kilopondmeter in der Sekunde oder 735,5 Watt. Festgelegt hat sie ebenjener Herr, nach dem das Watt benannt ist: James Watt, der schottische Ingenieur, der die Dampfmaschine industriell nutzbar machte. Bei ihm hieß das seit 1770 *horse-power*, seit Anfang des 19. Jahrhunderts wurde das deutsch mit *Pferdekraft* übersetzt, *Pferdestärke* kam erst in der zweiten Hälfte jenes Säkulums auf.

All diese Sprachbilder sind halbverblasste Erinnerungen daran, welche Rolle das Pferd einmal im Alltag gespielt hat und wie allgegenwärtig es war. Gerade deshalb überraschte es allerdings, dass zwei Redensarten, die mit der Beschaffenheit von Pferdeorganen zu tun haben, nicht gerade von korrekter Anschauung zeugen. Wer weiß, wie leicht Pferde erkranken, wenn sie ein falsches Kraut gefressen haben, kann über die Vorstellung, ein *Pferdemagen* könne quasi jede Nahrung verkraften, nur staunen. Belegt ist das Wort in dieser Bedeutung erstmals im späten 18. Jahrhundert. In der zeitgenössischen Übersetzung von Henry Fieldings Roman »Tom Jones« heißt es 1771: »›Meynet ihr denn‹, antwortete das vornehme Kammermädchen, ›daß ich einen Pferdemagen habe, und itzt zur Nachtzeit Schöpsenfleisch essen kann?‹« Ebenso biologisch absurd ist bei allem Respekt vor der animalischen Intelligenz der Pferde das Sprichwort *Das Denken soll man den Pferden überlassen, die haben auch die größeren Köpfe* – obwohl zumindest der zweite Teil der Feststellung ja wahr ist. Aber gerade wegen dieser offensichtlichen Absurdität wird das Sprüchlein gerne von Leuten runtergeleiert, die die Adressaten wegen ihrer Dummheit demütigen wollen. Ältere erinnern sich, dass die Wendung reflexhaft als Antwort von Lehrern kam, wenn der Schüler einen Fehler mit der Ansage »Ich dachte …« rechtfertigen wollte.

Nicht nur die Köpfe sind bei Pferden größer, sondern auch die Geschlechtsorgane, weshalb das Pferd im Volksmund oft eine Umschreibung für den Penis oder den Sexualtrieb war. Durch den Film »Der große Blonde mit dem schwarzen Schuh« mit Pierre Richard von 1972 war in den siebziger und achtziger Jahren die ironische Aufforderung *Mach mir den Hengst!* populär. Die sexuelle Konnotation des Pferdes hat schon manchen blöden Kalauer mit dem Wort *Pferdeschwanz* angeregt, das in den fünfziger Jahren aus dem damals ebenfalls aufkommenden Wort *Pferdeschwanzfrisur* gekürzt wurde. Beide sind wohl Lehnübersetzungen von englisch *pony tail*, das es zwar schon seit 1873 gibt, die Frisur wurde aber erst in den fünfziger Jahren mit den Jugendkulturen von Rock'n' Roll und Existenzialismus zur globalen Mode.

Weniger dem Alltag und der Biologie als der Mythologie geschuldet sind der *Pferdefuß* und das *trojanische Pferd.*

Ersteren sagte man etwa seit der Barockzeit dem Teufel nach, während man ihn früher eher mit Vogel- oder Bocksfuß dargestellt hatte. Der Pferdefuß verrät den Satan auch, wenn er sich als feiner Herr verkleidet, um Menschen ihre Seele durch krumme Geschäfte abzuhandeln. Heute ist der *Pferdefuß* gleichbedeutend mit einer Tücke oder Hinterlist, die offenbar wird. 1734 heißt es in der »Geschichte des

Osmanischen Reiches« des russischen Diplomaten und Historikers Dimitri Cantemir über Süleiman den Prächtigen, dass dieser sich zunächst »unter dem Scheine der Tugend« beim ungarischen Adel beliebt gemacht hätte, dann »ließ er seinen Pferdefuß sehen und verschlang, wie ein unersättliches Ungeheuer, das Königreich Ungarn«.

Das *trojanische Pferd* in der Bedeutung »etwas, das harmlos oder gar glückbringend scheint, in Wirklichkeit aber Verderben beinhaltet« geht auf Homers Geschichte vom Holzpferd zurück, in dessen Inneren sich die Griechen auf Rat des listenreichen Odysseus verbargen, um nach zehn Jahren endlich in die belagerte Stadt Troja einzudringen. Im übertragenen Sinne sagt Friedrich Logau 1654 in einem seiner Sinngedichte: »Ein Trojanisch Pferd / scheinet vnser Friede seyn; Stecket voller Groll / reisset viel Verfassung ein.« Die bald 3000 Jahre alte Legende ist heute noch so bekannt, dass ein Virus, das in einen Computer eingeschleust wird, um die Programme darin zu zerstören oder zu manipulieren, *Trojaner* genannt wird.

Pony

Fürst Pückler musste seinen Lesern noch erklären, was ein Pony ist: »Ich besorgte mir im Wirthshaus schnell einen Führer und Pony, (ein kleines Gebürgspferd) und eilte mich auf den Weg zu machen«, schreibt er 1830 in seinen »Memoiren eines Verstorbenen«. Ponys sind zu diesem frühen Zeitpunkt noch grammatisch maskulin, so auch bei Ferdinand Kürnberger, der 1855 in seinen bitteren Memoiren eines USA-Aufenthalts mit dem programmatischen Titel »Der Amerikamüde« den Anblick eines besonders traurigen Tieres beschreibt: »Es war ein alter ergrauter Mustang, oder indianischer Pony, mit gestutzten Ohren, von der Kälte zusammengekrümmt, vom hohen Alter aufs Aeußerste herabgebracht, und hungrige Maulthiere hatten weiland seinen Schweif ausgerauft.« Erst um 1900 kommt *Pony* auch als Neutrum vor. Noch im Duden von 1934 wird ihm ein schwankendes Geschlecht zugestanden: männlich oder sächlich.

Heute heißt es nur noch *der Pony*, wenn die Frisur gemeint ist. Der Duden von 1968 unterscheidet klar: sächlich ist es »ein kleinwüchsiges Pferd«, männlich »eine Damenfrisur«. In der letzteren Bedeutung taucht das Wort 1926 in den Tagebüchern Victor Klemperers auf, der eine Frau beschreibt: »Rock nicht ganz bis zum Knie, Bubikopf, dunkle Ponys, scharfes sinnliches u. intellektuelles Gesicht, Wiener Jargon, bei alledem unaffectiert, eine Kinofigur.« Dieser Pony ist eine Verkürzung von *Ponyfrisur*, das es seit dem späten 19. Jahrhundert gibt. Am Anfang steht es vor allem in völkerkundlichen Texten. So heißt es etwa 1895 in der »Deutschen Revue« über die »eingeborenen Völker des nördlichen Eismeers«, dass »Eskimos so gut wie Lappländer oder Tschuktschen, die Haare sich glatt über die Stirn streichen und über den Augenbrauen quer abstutzen – die echte ›Ponyfrisur‹«. Das Wörtchen »echt« deutet hier aber darauf hin, dass der Ausdruck auch als Beschreibung europäischer Frauenfrisuren schon eine Weile gebräuchlich gewesen sein muss. Avantgarde war die Ponyfrisur in Deutschland zu dieser Zeit jedenfalls nicht mehr. In der Zeitschrift »Die Gesellschaft« steht 1898 ein kleines Dramolett, in dem sich ein Mann gegenüber seinem Freund über einen Frauentyp beklagt, mit dem er offenbar Pech gehabt hat: »Die Fräulein aus dem mittleren Bürgerstande in der Provinz, welche im Gymnasium waren, mit eng geschnürten Taillen, *Ponyfrisur*, mit den Hüten, langen Handschuhen und Pincenez … das ist Gift, Geißel und Pest!«

Viel jünger ist die Redensart *Das Leben ist kein Ponyhof.* Sie konnte erst entstehen, nachdem in der westdeutschen Nachkriegszeit mehrere Generationen von Stadt-Mädchen ein stark romantisiertes und kommerzialisiertes Bild von den Pferden und ihrem Zuhause gehegt hatten. Bahnbrechend für die Ponyhof-Welle waren die drei Filme über »Die Mädel vom Immenhof«, die 1955 bis 57 in die Kinos kamen und auf dem Roman »Dick und Dalli und die Ponys« von Ursula Bruns beruhten. Im Herder-Verlag erreichte das 1952 erschienene Buch dreißig Auflagen, als Taschenbuch bei dtv noch einmal elf. Bruns gründete 1958 auch die Zeitschrift *Pony-Post* und war die treibende Kraft hinter einer »Rettungsaktion« für isländische Ponys Anfang desselben Jahres: Nachdem sie eine Pressemeldung lanciert hatte, wonach Tausenden von kleinen Islandpferden die Schlachtung drohe, weil die karge Insel nicht alle Pferdekinder ernähren könne, kauften Hunderte Deutsche für 300 bis 400 Mark solche Fohlen. Eine weitere Pionierin und Propagandistin der Bewegung war die Schriftstellerin Lise Gast, die sich 1955 eine ehemalige Arbeitsdienstbaracke bei Lorch kaufte, wo sie einen Ponyhof gründete. Das Leben auf diesem Hof, auf dem Lise Gast Shetlandponys und Islandpferde züchtete, thematisierte sie in vielen ihrer hundertzwanzig Bücher, die Titel trugen wie »Unsere Ponys und wir«.

Zur endgültigen Verkitschung der Beziehung zwischen Mädchen und Pferden trug dann seit 1986 die Zeitschrift »Wendy« bei, deren Herzstück jeweils Comics mit dem titelgebenden pferdelieben Mädchen sind. Schließlich wurde der *Ponyhof* zum Inbegriff kuscheliger Geborgenheit, ein Paradies, in dem man den Nöten der Pubertät und des drohenden Erwachsenseins entfliehen konnte. Belegen lässt sich der Spruch erst seit den nuller Jahren, damals habe ich ihn auch zum ersten Mal gehört. In einem Ratgeber für Leute, die sich das Rauchen abgewöhnen wollen, heißt es 2005: »Stell Dir einen Raucher und einen Nichtraucher vor. Beide haben einen Stress-Rucksack. Weil das Leben kein Ponyhof ist, trägt jeder der beiden zehn Kilogramm Stress durchs Leben.« Und 2008 sagt der SPD-Generalsekretär Hubertus Heil zum Klima in der damals regierenden Koalition von SPD und CDU: »Diese Koalition ist kein Ponyhof, das ist kein Kuschelverein.« Von da an war der Ritt der Ponys zu den fetten Weiden, auf denen die Binsenweisheiten wachsen, nicht mehr aufzuhalten.

Puma

Was weiß der Deutsche vom Pumakäfig? Wenig. Die große Katze ist in Nord-, Mittel- und Südamerika zu Hause. Aber sie steht auf der Roten Liste der stark gefährdeten Tierarten. Wer ein gefangenes Exemplar sehen will, muss nach Bremerhaven, Hamm, Herberstein, München oder Salzburg fahren. Dort befinden sich Zoos, die Pumas halten.

Trotz solcher spärlichen Anschauungen kultivieren wir hierzulande eine Vorstellung vom Geruch, den gefangene Pumas verbreiten: Die Redensart *Es stinkt wie im Pumakäfig* ist allgemein verbreitet. Wer weiß, wie reinlich Katzen sind, kann sich allerdings gar nicht vorstellen, dass dieses Raubtier, das trotz seiner alternativen Bezeichnungen *Silberlöwe* und *Berglöwe* eher mit den Hauskatzen als mit den Löwen verwandt ist, so wahnsinnig unangenehm riecht, auch wenn die Männchen, ähnlich wie Hauskater, wohl dazu neigen, ihr Terrain mit Urin zu markieren.

Der Puma ist den Deutschen schon im 19. Jahrhundert aus der Abenteuerliteratur, die in Amerika spielt, vertraut. Aber sowohl Karl May als auch Friedrich Gerstäcker, der im Gegensatz zu May tatsächlich Pumas gesehen hat, erwähnen die Tiere nur in freier Wildbahn. Kein Pumakäfig in der Prärie! Alfred Brehm, der in seinem »Tierleben« ausführlich aus eigener Anschauung über das Verhalten gefangener Pumas – er nennt sie *Kuguare* – berichtet, erwähnt keinerlei unangenehme Gerüche, die von den Raubtieren ausgehen. Brehm macht bloß eine Einschränkung: »Nur durch eins wird der zahme Puma unangenehm. Er pflegt sich, wenn er seinen Herrn erst liebgewonnen hat und gern mit ihm spielt, bei seiner Annäherung zu verstecken und springt dann unversehens auf ihn los, gerade so, wie zahme Löwen auch zu tun pflegen. Man kann sich leicht denken, wie ungemütlich solche, zu unrechter Zeit angebrachte Zärtlichkeit manchmal werden kann.«

Die Redensart ist nach meiner ganz persönlichen unzuverlässigen Erinnerung ohnehin noch nicht sehr alt. Dieser Eindruck wird durch die elektronischen Archive gestützt. Der älteste Beleg stammt aus dem Jahre 1997. Da macht sich der Autor Uwe Kopf in einem »Spiegel Spezial«-Heft über den »deutschen Mann« und über die statistisch nachgewiesene laxe Einstellung zur Körperhygiene hierzulande lustig: »Wie riecht es denn in deutschen Wohnungen und Büros? Nicht wie im Schweinestall, das ginge ja noch – es riecht wie im Pumakäfig.«

Pumakäfiggeruch wird meist in den Räumen von Teenagern oder von Nerds ausgemacht, die beide im Ruf stehen, sich nicht oft zu waschen oder selten zu lüften. 2012 berichtet die »Zeit« von hygienischen Verbesserungen beim alljährlichen Treffen des Chaos Computer Clubs, der von

Berlin nach Hamburg umgezogen war, weil dort im Kongresszentrum mehr Platz ist. Das Clubmitglied Felix von Leitner wird zitiert: »Das Hackcenter riecht auch nicht mehr wie ein Pumakäfig, weil die Leute nicht mehr so eng aufeinander hocken.«

Möglicherweise ist der Puma auf ähnliche Weise in seinen Geruchsverdacht gekommen wie die Hacker: Überall dort, wo man Tiere auf zu engem Raum einpfercht und ihre Gefängnisse zu selten säubert, stinkt es naturgemäß schneller als dort, wo man sie halbwegs artgerecht hält. Den üblen Geruchsruf widerlegt auch, dass man ihn sogar als Haustier schätzen kann. Das berichtet nicht nur Brehm, sondern auch Carl Albrecht Bernoulli beschreibt 1931 in seinem Roman »Ull« eine deutsche Industriellenfamilie, die sich einen Puma als extravagantes Statussymbol im Haus hält. Hier gibt es ebenfalls keinen Hinweis auf extremen Geruch. Der Puma ist also ganz gewiss Opfer einer redensartlichen Verleumdung.

Rabe

Der Rabe ist von christlicher Propaganda verleumdet worden: Bei den Germanen galt er als verehrungswürdiger Vogel, dem Gott Odin saßen die beiden Raben Hugin und Munin auf den Schultern, die Gedanke und Erinnerung verkörperten. Zum Unheilsbringer, zum Sendboten der Hölle und zum Galgenvogel im wahrsten Sinne des Wortes wurde er erst im Mittelalter. Es ist eine der so typischen Transformationen beim Übergang vom Heidentum zum Christentum: Das Heilige wurde zum Dämonischen degradiert. Und Odins Vogel wurde zum *Unglücksraben.* Das Wort ist allerdings recht neu, früher war *Unglücksvogel* häufiger. Ende des 18. Jahrhunderts meint es zunächst in Gottfried August Bürgers Übersetzung von Shakespeares »Macbeth« den Raben, der Unglück ankündigt. Für einen Menschen, der Unglück hat, gebraucht man *Unglücksrabe* erst seit etwa 1900.

Zur Identifikation mit dem Teufel trug der Anblick des prachtvoll schwarz glänzenden Rabengefieders bei; bis heute ist *kohlrabenschwarz* die höchste Steigerung der Nichtfarbe schwarz. Sehr alt ist das Wort aber noch nicht. Die möglicherweise früheste Belegstelle ist ein preußisches

Soldatenlied, das anlässlich der »Berennung von Breslau« durch Truppen des österreichischen Generals Bärenklau im Juli / August 1760 gedichtet wurde: »Der König von Preußen hat Leut, Die sind dem Teufel gleich, kohlrabenschwarz!« Nach 1800 war es offenbar schon ein abgeschmacktes Modewort. Wilhelm Hauff machte 1825 den damaligen Erfolgsschriftsteller Heinrich Clauren lächerlich, indem er ein Buch namens »Der Mann im Mond oder Der Zug des Herzens ist des Schicksals Stimme« unter Claurens Namen veröffentlichte und darin den Stil des Bestsellerautors persiflierte. Später berichtete er über diese Imitation: »Ich habe gelacht, wenn ich nach Anleitung seines Gradus ad Parnassum als Beiwort zu den Haaren ›kohlrabenschwarz‹ oder ›Flachsperüque‹ schreiben musste.«

Raben fressen Aas. Auch tote Menschen. Daran erinnert noch das »fressen ihn die Raben« im Kinderlied »Hoppe, hoppe, Reiter«. Deshalb hieß der ummauerte Richtplatz unter dem Galgen *Rabenstein*; später konnte damit auch der Galgen selbst gemeint sein: »Hettn uns die Stattsöldner erdappet, der Rabenstein het nach uns geschnappet«, reimte Hans Sachs in einem Fastnachtspiel.

Auch *Rabenaas* wurde zum Schimpfwort, weil die Menschen sahen, wie die Vögel Leichen am Galgen zerpickten. Gemeint ist jemand, der so gesellschaftlich tiefstehend, alt, gemein oder bösartig ist, dass er nur zum Rabenfutter taugt oder dass man ihm wünscht, die Vögel würden ihn fressen und dabei wie üblich zuerst die Augen aushacken. Möglicherweise ist es zunächst ein studentisches Schimpfwort oder ein

Soldatenfluch des Dreißigjährigen Krieges gewesen. Erstmals taucht es zehn Jahre nach Kriegsende 1658 in Johann Georg Schochs »Comoedia vom Studentenleben« auf, wo es heißt: »Danck Gott, daß wir keine Krieger mehr haben, daß der Teuffel die Galgenvögel nach der Reihe geholt hat, daß wirs nun den Rabenäsern und Teuffels-Gezüchte nicht alles mehr in Rachen stecken müssen.« Auch der Exsoldat Grimmelshausen kennt es; in seinem »Trutz-Simplex« schreibt er 1670 über eine Greisin: »Das alte Rabenaaß fähet einmal an zu sehen und zu fühlen, daß der gewisse Tod nächstens bey ihr anklopffen werde.«

Wie die Elster gilt auch der Rabe als diebisch. Weil die hochintelligenten Tiere sich sogar trauen, Raubvögeln ihr Futter streitig zu machen. Die Redensart *stehlen wie die Raben* kennt man seit dem späten Mittelalter, bei Niklaus Manuel werden Schelme angeredet: »Ir diebsbösewicht stelend wie die rappen.« Möglicherweise spielt dabei auch die Anschauung von Raben eine Rolle, die sich am Rabenstein gegenseitig die Menschenfleischbrocken wegschnappen.

Während Rabensteine heute nicht mehr existieren, wird manches Rabenaas, das Kinder kriegt, zur *Rabenmutter* oder zum *Rabenvater.* Die Beobachtung, dass die Raben ihre Kinder anscheinend wenig fürsorglich behandeln, taucht schon in der Bibel auf, wo es im 147. Psalm heißt: »Singet umeinander dem Herrn mit Dank und lobet unsern Gott mit Harfen, der den Himmel mit Wolken verdeckt und gibt Regen auf Erden; der Gras auf Bergen wachsen läßt; der dem Vieh sein Futter gibt, den jungen Raben, die ihn anrufen.« Konrad von

Megenberg gibt dieses jahrtausendealte Naturwissen Mitte des 14. Jahrhunderts in seinem »Buch der Natur« weiter: »Die raben werfent etleicheu kint ausz dem nest, wenn si der arbait verdreuszt mit in, daz si in nicht genuog speis pringen mügent.« Ganz so gemein sind die Raben gar nicht; sie schubsen die Kinder erst aus dem Nest, sobald diese allein leben können – so wie es auch viele andere Vögel tun. Das beschreibt schon Plinius in seiner 77 n. Chr. geschriebenen »Naturgeschichte«. Konrad von Megenberg steht dagegen im Banne der Bibel.

Plinius, der den Raben Gerechtigkeit widerfahren ließ, war ein *weißer Rabe*, so nannte man schon in seiner Epoche einen Menschen, der eine Ausnahmestellung einnimmt und sich abweichende Meinungen erlaubt: Der Dichter Juvenal benutzt in seinen um das Jahr 100 n. Chr. entstandenen Satiren den Ausdruck *Corvus albus*. Im Deutschen ist die Redensart seit dem Mittelalter belegt. Hugo von Trimberg fasst die Konformität des Lebens in seinem Lehrgedicht »Der Renner« zusammen: »Selten wir gesehen haben swarze swanen und wîze raben.« Allen Mittelalterromantikern, die jene Jahrhunderte für eine Ära der Freiheit und Individualität halten, in der Spielleute, wandernde Scholaren und Gesellen, Narren und Ritter sich intensiver selbst verwirklichen konnten als heute, sei der Spruch eine Mahnung.

Robbe

Die natürliche Fortbewegungsart des Menschen ist der aufrechte Gang. Als Hominiden vor vielen Tausend Jahren in Afrika anfingen, auf zwei Beinen zu laufen, begannen wir, uns vom Affen zu distanzieren. Auf dem Bauch zu kriechen war in der evolutionären Entwicklung unserer Art nicht nötig – außer vielleicht mal, wenn man sich vor einem hungrigen Bären im engsten Teil der Höhle ganz hinten verstecken wollte, dort, wo der gewaltige Fleischfresser nicht hineinpasste.

Irgendwann, viel später, in der jüngeren Entwicklung des Menschengeschlechts gab es dann eine Gruppe, die berufsbedingt kriechen musste: die Bergleute. Um in engen Querstollen Erz abzubauen, bewegten sie sich auf dem Bauch zum Abbauort. Sie wären allerdings nicht auf die Idee gekommen, die Fortbewegungsart *robben* zu nennen. Bergwerke befanden sich meist weit im Landesinneren, in den Mittelgebirgen. Robben bekamen die Bergleute also nie zu Gesicht, mal ganz abgesehen davon, dass die Bezeichnung für diese Tierart erst sehr spät, im 16. Jahrhundert, aus dem friesischen *rob* und dem niederdeutschen *rub*, die beide mit

Raupe verwandt sind, ins Hochdeutsche entlehnt wurde. Dort verdrängte sie zusammen mit dem ebenfalls um die Zeit aufkommenden *Seehund* den älteren Namen *sele* oder *seel*, der im Mittelhochdeutschen üblich war und noch 1561 in Josua Maalers erstem alphabetisch geordneten deutschen Wörterbuch verzeichnet ist. Im Englischen dagegen hat sich *seal* gehalten. Im Wort *Seehund* ist *Seel* übrigens auch noch versteckt: Bis etwa zum 16. Jahrhundert nannte man das Tier noch *Seelhund.* Erst als das alte Wort *Seel* unverständlich wurde, leitete man es volksetymologisch von *See* her.

Im Grimm'schen Wörterbuch steht über die Robbe: »Das Tier und sein Name blieben dem Oberdeutschen lange fremd.« Wie immer bei solchen Neuerwerbungen der deutschen Sprache war man sich zu Beginn auch über das grammatische Geschlecht nicht sicher. Die Wörterbuchmacher Adelung, Campe und Heinsius bevorzugen noch um 1800 die maskuline Form *der Robbe.*

Erst im 20. Jahrhundert waren Menschen, die Robben aus eigener Anschauung kannten, gezwungen, massenhaft auf dem Bauch herumzukriechen – in den Stellungskämpfen des Ersten Weltkriegs, zwischen Schützengräben und Stacheldrahtverhauen. Auch unter Soldaten war diese Bewegung vorher nicht üblich gewesen. Noch im Deutsch-Französischen Krieg 1870/71 stürmte man auf den Gegner zu, um möglichst rasch aus dem Schussfeld seiner Gewehre zu kommen und zum Nahkampf mit Bajonetten und Gewehrkolben überzugehen. Das Kriechen wurde erst ins Repertoire der Gefechtsbewegungen übernommen, als die besseren und schneller feuernden Maschinengewehre Sturmangriffe immer verlustbringender machten. Vor allem, wenn Wagemutige wie der Leutnant Ernst Jünger sich nachts durchs Niemandsland mit Stoßtrupps wie Indianer an den Feind heranschlichen, war es unumgänglich, ein bisschen zu kriechen.

In dieser Situation ist das Verb *robben* in die deutsche Sprache gelangt. Am 11. März 1917 berichtet das »Prager Tageblatt« über diverse Disziplinen bei einem Wehrturnfest, darunter Hindernislauf, »Grabenweitsprung« und »Robben (Kriechen)«. Vielleicht haben Soldaten von der Waterkant das Wort ihren Kameraden aus den Binnenländern beigebracht. Zwar wird das neue Verb erst 1929 in der zehnten Auflage des Duden verzeichnet, aber das ist nur die übliche Verzögerung, mit der Ausdrücke offiziell anerkannt werden. In der Soldatensprache war es, wie wir gesehen haben, nachweisbar schon früher gängig. Aber 1934 hält es der Pilot Horst Merz noch immer für nötig, den Lesern des Weltkriegs-Erinnerungsbuches »Flieger am Feind. 71 deutsche Luftfahrer erzählen« das Wort zu erklären. Über die Grabungsarbeiten für einen Ausbruchstunnel aus dem Gefangenenlager Krasnojarsk in Sibirien im Winter 1917/18 schreibt er: »Um Arbeit und Zeit zu sparen, machten wir den Gang so niedrig, dass wir nicht auf den Knien kriechen, sondern uns nur liegend fortbewegen, also nur ›robben‹ konnten.«

Heute ist das Wort so bekannt und so entmilitarisiert, dass *sich heranrobben* umgangssprachlich auch zum Synonym für den Versuch, sich einer Frau anzunähern, werden konnte. Und beim *Robbensterben*, das 1988 von der Gesellschaft für Deutsche Sprache zum »Wort des Jahres« gewählt wurde (wahrscheinlich weil das Waldsterben gerade mal Pause machte), dachte längst niemand mehr an Krieg. Damals ging es um eine Viruserkrankung, die Seehunde in der Nordsee dahinraffte. Ein paar Jahre später entdeckte die Welt dank Brigitte Bardot, dass Robben anderswo ganz anderen Gefahren ausgesetzt sind: Zum globalen Schreckbild protestierender Tierschützer wurde das Bild eines Robbenbabys, das hilflos zu einem Schlächter aufblickt, der ihm mit einem *Hakapik* den Schädel zertrümmern will, um an sein Fell zu kommen. Das *Robbenbaby* ist seitdem sprachlich zum Inbegriff schützenswerter Niedlichkeit geworden.

Dabei hatte das Deutsche für das genannte Mordinstrument lange Zeit ein eigenes Wort: Mit dem *Robbenknüppel* waren die *Robbenklopfer* oder *Robbenschläger* bewaffnet, die auf die Jagd nach den Tieren gingen. An den Zweck solcher Expeditionen erinnert noch der alte Name *Meerschwein* – das Schwein, das halbwild in den deutschen Wäldern mit Eicheln gemästet wurde, galt als Inbegriff des essbaren Tieres, und mit *Schwein* bezeichnete man alles, was essbar war.

Ross

Der schwer gepanzerte Reiterkrieger, der Ritter, war die höchste Lebensform des Mittelalters. Seit der ostfränkische König Otto I. im 10. Jahrhundert mit seinen Rittern die Heere der Ungarn auf dem Lechfeld gestoppt hatte, dominierte der adlige Panzerreiter die Schlachtfelder des Kontinents. Das begründete zugleich seine führende Stellung in der Gesellschaftspyramide. Der Adel legitimierte sich durch Kriegsdienst, was wiederum seinen Anspruch auf Grundherrschaft begründete, die ihm erst die Möglichkeit eröffnete, Waffen, Rüstung, Pferde und Gefolgschaft zu unterhalten. Um eine möglichst große Zahl dieser Elitekämpfer an sich zu binden, erhielten die Ritter von den Königen Ländereien, deren Erträge jene in den Stand setzten, ständig für den Krieg bereit zu sein.

Wer auf einem Pferd saß, konnte also nicht nur physisch auf das Fußvolk herabblicken, er hatte auch Anlass zum Standesdünkel. Das änderte sich auch nicht, als im späten Mittelalter die Ritter ihre Überlegenheit verloren und in Crécy oder Azincourt zur Beute englischer Bogenschützen wurden oder gut gedrillte Schweizer Söldnerhaufen sie mit

Hellebarden-Karrees aufhielten. Noch bis in die Neuzeit saßen zumindest Feldherren und höhere Offiziere auf Pferden – Napoleon und Moltke gingen nicht zu Fuß nach Austerlitz oder Königgrätz –, und die Kavallerie blieb bis zu ihrer Abschaffung eine Domäne des Adels.

In solchen sozialen Verhältnissen hat die Wendung *hoch zu Ross sitzen* »hochmütig sein« ihren Ursprung. Stellvertretend für ihren Zusammenhang mit der Ritterschaft sei hier aus Schillers Ballade »Der Kampf mit dem Drachen« zitiert: »Und einen Ritter, hoch zu Ross, gewahr ich aus dem Menschentross.« Seine heutige idiomatische Bedeutung scheint *hoch zu Ross* jedoch erst spät angenommen zu haben. Noch im 19. Jahrhundert ist es ganz wörtlich gemeint, immer ist tatsächlich von Reitern die Rede.

Vielleicht musste zur erhöhten sozialen Stellung eines Menschen auf einem Pferd auch noch eine Spur von Lächerlichkeit und Antiquiertheit hinzukommen, bevor die Redensart ihren modernen gehässigen Sinn annehmen konnte. Im Kärntner Landtag verteidigt 1910 ein Redner ein neues Gesetz, das die soziale Lage der Kleinbauern und Landarbeiter verbessern sollte: »Nun, meine Herren, es ist merkwürdig, in welchen Scharen, hoch zu Ross, der Großgrundbesitz gegen dieses armselige Gesetz losgeht.«

Im nächsten Satz räumt der Redner ein: »Ich gebe Ihnen ganz recht, das Gesetz ist unbedeutend in seinen Wirkungen.« Es handelt sich also nicht um eine politische *Rosskur*. So nennt der Volksmund eine strapaziöse Heilmethode, die für ein Pferd und seinen Pferdemagen (dem man, wie wir gesehen haben, zu Unrecht Unempfindlichkeit nachsagt) angeblich nicht so schlimm wäre, für Menschen aber eine Qual ist. Heute kann es aber auch politische oder wirtschaftliche Maßnahmen der Schuldentilgung oder des Krisenmanagements meinen. Gelegentlich ist das Wort im 18. Jahrhundert schon im Gebrauch, immer mit Bezug auf eine echte Pferdemedizin. Mitte des 19. Jahrhunderts liest man es dann massenhaft im heutigen Sinne. Schon 1849 wird es in dem polemischen Wiener Blatt »Die Geißel« auch als politische Metapher gebraucht. Dort kommentiert ein Autor die aktuelle Lage: »Wir ziehen eine Roßkur doch dem sanften Tod durch Opium vor.«

Wer eine Rosskur befürwortet, der sollte auch *Ross und Reiter* nennen – also deutlich sagen, was er meint und nichts verborgen halten. Angeblich geht der Spruch auf das Mittelalter zurück, als nur Eingeweihte die unter der Rüstung verborgenen Ritter an ihren Farben erkennen konnten. Deshalb habe man den Namen des Kämpfers und den seines Rosses beim Einritt laut ausgerufen. Ehrlich gesagt: Solange bis mir einer jene stabreimende Doppelformel mit der heutigen übertragenen Bedeutung in einem Text aus der Ritterzeit oder wenigstens aus der frühen Neuzeit nachweisen kann, halte ich die genannte Erklärung für zusammenphantasiert.

Schlange

Einer Schlange zu begegnen, das kann in manchen Weltgegenden ein tödliches Verhängnis sein. In Deutschland muss man dagegen geradezu ein Glückspilz sein, um eine der sechs heimischen Schlangenarten überhaupt noch in der Natur zu erleben. Zu selten sind die teilweise akut vom Aussterben bedrohten Reptilien, zu sehr geschrumpft die Rückzugsgebiete von Kreuzotter, Aspisviper, Ringelnatter, Würgenatter, Würfelnatter und Äskulapnatter. Die Blindschleiche sieht zwar aus wie eine Schlange, ist aber in Wirklichkeit eine Art beinlose Eidechse. Für die Fortbewegungsart dieser Reptilien hat man das Wort *schlängeln* geprägt, das heute meist nur noch metaphorisch in Bezug auf Gewässer gebraucht wird, aber auch auf Menschen: »Man schlängelt sich so durch.« Wir benutzen gemeinhin die reflexive Form, doch noch Goethe konnte es auch transitiv verwenden: »Wie der sanfte Fluss zu mir her schlängelt.«

Massenhaft gab es Schlangen hierzulande nie. In die Sprache hat sich die *Schlange* als Sinnbild der Falschheit nur der Bibel wegen eingeschlichen. Dort hat sie in der Geschichte vom Paradies ihren großen Auftritt als Verführerin von

Adam und Eva zum Ungehorsam gegen Gott. Von ihr heißt es: »Und die Schlange war listiger denn alle Tier auf dem Felde.« Jesus hielt solche Listigkeit manchmal für eine durchaus brauchbare Tugend. Bei Matthäus rät er seinen Jüngern: »Seid klug wie die Schlangen.« Die Schlange im Paradies setzt man ganz naiv mit dem Teufel gleich. Hier haben Redensarten wie *falsch wie eine Schlange sein* oder auch einfach *eine Schlange sein* ihren Ursprung. Letzteres sagt man meist von Frauen. Die Schlange wird seltsamerweise als irgendwie weiblich angesehen, obwohl sie eine phallische Form hat und Gott am bösen Ende der Geschichte vom Sündenfall ihr nicht nur zur Strafe die Beine wegnimmt, sondern auch als Urteil verkündet: »Ich will Feindschaft setzen zwischen dir und dem Weibe und zwischen deine Samen und ihrem Samen. Derselbe soll dir den Kopf zertreten, und du wirst ihn in die Ferse stechen.«

Rein aus Büchern geschöpft ist auch die Redensart *eine Schlange an seinem Busen nähren* (»jemanden unterstützen, der einem später schadet«). Sie war schon im Altertum bekannt und bezieht sich auf die siebenundneunzigste Fabel des Äsop »Der Bauer und die Schlange«, in der ein etwas gutgläubiger Landmann die Schlange unter seinem Gewand wärmt. Natürlich beißt sie ihn. Goethe hat das Motiv der verräterischen Schlange, die ihren Wohltäter töten will, im »Reineke Fuchs« weit ausgebreitet; hier ist es ein Wanderer, der das Reptil aus einer Schlinge befreit hat.

Die Schlange und der Busen sind auch durch die Erzählung von Kleopatra, die Selbstmord beging, indem sie sich von einer Giftschlange beißen ließ, ein sprachliches Paar geworden. In der mittelalterlichen Kunst findet sich schon seit der Zeit Karls des Großen das Motiv einer Frau, die zwei Schlangen an ihrem Busen säugt. Von der Kirche wurden die Schlangen als Verkörperungen von *luxuria* und *voluptas* interpretiert, die beide mit »Wollust« übersetzt werden können. Manche Forscher halten das Motiv aber für viel älter, für eine Verkörperung der nährenden Erdenmutter aus heidnischer Vorzeit.

Die *Schlange, die sich in den Schwanz beißt*, steht heute redensartlich für eine nervige Sache, die kein Ende nimmt, in der antiken Alchimie galt ein solches *Uroboros* »Schwanzverzehrer« genanntes Reptil eher als positives Symbol für die abgeschlossenen, sich wiederholenden Wandlungsprozesse der Materie. Die älteste Darstellung findet sich auf einem der Grabschreine, die den Sarg von Tutenchamun umgaben, heute sieht man den Uroboros noch als Ring und auf tätowierter Haut.

Ein altes Sagenmotiv ist die *Schlangengrube.* Vom Wikingerfürsten Ragnar Lodbrok und vom Burgunderkönig Gundahar wird in spätgermanischen Sagen berichtet, sie wären Harfe spielend in den Gruben gestorben, in die sie ein englischer König beziehungsweise der Hunnenfürst Etzel geworfen haben. Das Bild lebt auch im Märchen der Brüder Grimm »Die schwarze und die weiße Braut« fort, wo ein König einen Kutscher in ein Loch voller *Ottern- und Schlangenzücht* stoßen lässt. Das *Otterngezücht* (so heißt es bei Luther) und das *Schlangengezücht* bezeichnen wie heute die *Schlangenbrut* metaphorisch eine Versammlung hinterhältiger Widersacher.

In der Frühzeit der Artillerie konnte eine *Schlange* auch eine Kanone sein. So oder verdeutlichend *Feldschlange* bezeichnete man ein Geschütz mit relativ kleinem Kaliber, bei dem ein langgezogener Lauf die Treffergenauigkeit und die Durchschlagskraft erhöhte.

Aus dem 18. Jahrhundert stammt das Wort *Schlangenlinie*, das zunächst ein Begriff zur Beschreibung von Kunstwerken war, heute aber fast nur gebraucht wird, wenn man glaubt, Menschen Betrunkenheit nachweisen zu können, weil sie in Schlangenlinien gehen oder fahren.

Noch jünger ist der *Schlangenfraß* als Ausdruck für ein wenig schmackhaftes, ohne Sorgfalt zubereitetes Essen; es gibt ihn seit der zweiten Hälfte des 19. Jahrhunderts. Karl Kraus schreibt 1914: »Vom Hotelier gegrüßt zu werden, ist eine Annehmlichkeit, der zuliebe der Österreicher überhaupt ins Gasthaus geht. Vom Hotelier gekannt zu werden, ist eine Ehre, die nicht jedermann zuteil wird. Aber vom Hotelier angesprochen zu werden, ist die höchste Entschädigung, die einem für den Ärger über einen Schlangenfraß zuteil werden kann.«

Brillenschlange als Schimpfwort für einen bebrillten Menschen hat im 20. Jahrhundert eine recht kurze Karriere gemacht. Es taucht Anfang des Säkulums auf und verschwindet an dessen Ende wieder. 1938 rät Barbara von Treskow im »Lexikon der Hausfrau« den Eltern brillentragender Kinder: »Gegen Hänseleien in der Schule (›Brillenschlange‹

u. ä.) muss man die Lehrer energisch vorzugehen bitten.« In meiner Kindheit in den sechziger Jahren war der Ausdruck dennoch ein geläufiges Spielplatzschimpfwort. Heute wirkt er so antiquiert wie *Backfisch*.

Modern ist es, von Menschen, die eine Reihe vor einem Eisstand oder an einer Konzertkasse bilden, zu sagen, sie würden *Schlange stehen*. Im Sinne von »Reihe« vor einem Geschäft oder Kino ist *Schlange* erst seit Anfang des 20. Jahrhunderts bezeugt. In seinem Buch »Der Fisel in der Fremde« staunt der Schweizer Ingenieur Ernst Bütikofer über die Höflichkeit der Spanier und ihre Sitten, die wir heute eher in England vermuten würden: » Man stelle sich einmal vor der Eingangstür eines Theaters auf und beobachte voll Freude, wie jedes Gedränge vor der Kasse fehlt, wie sich die Leute wie beim Gänsemarsch ruhig hintereinander aufstellen und geduldig warten, bis sie als Glied der langen, schreitenden Schlange endlich auch vor die Kasse gelangen.« Zuvor wurde *Schlange* auch schon für Soldatenformationen gebraucht. In der »Kriegszeitung des Akademischen Turnvereins Graz« heißt es am 21. August 1915 über die Bewegung österreichischer Truppen um Ufer des Pruth: »Dann setzten sich die Marschkolonnen in Bewegung. Langsam wälzte sich die Schlange wie ein Fächer auseinander, die Kompanien streben den zugewiesenen Abschnitten zu, um daselbst sofort in lockere Schwarmlinien überzugehen.« Und schon Friedrich Schiller begann sein Gedicht »Der Tanz« 1796: »Sieh, wie sie durcheinander in kühnen Schlangen sich winden.«

Die Schlange vor Geschäften trat im 20. Jahrhundert vor

allem zu Zeiten des Mangels auf. Nur durfte man dann nicht öffentlich über sie schreiben – weder unter der Zensur im Ersten Weltkrieg noch zur Nazizeit, noch in der DDR. Nur Victor Klemperer notiert 1942 in seinem Tagebuch: »Schlangen vor den Läden. Ganz winzige Kohlrabiköpfchen, ein bis zwei Stück, werden auf Karte verteilt.«

Der Überflusskapitalismus sollte ihr eigentlich den Garaus gemacht haben, stattdessen wird nun das *Schlange stehen* als Ereignis neu definiert. Man steht nicht mehr Schlange, weil man etwas ergattern will, das rar ist, sondern weil man ein hippes Produkt als Erster haben will – manchmal ist es der neueste Harry-Potter-Roman, manchmal das aktuelle iPhone.

Schnecke

Den Völkern der Antike galt die Schildkröte als Inbegriff der Langsamkeit. In Äsops Fabel wird sie von einem Hasen verspottet und schlägt ihn dennoch im Wettrennen, weil der arrogante Nager sie zwar schnell überholt, aber glaubt, sich zwischendurch ein Nickerchen erlauben zu können. In Deutschland gibt es, bis auf ganz wenige kleine Populationen der Europäischen Sumpfschildkröte, die gepanzerten Reptilien nicht. Man musste sich also für ein anderes Symbol der Langsamkeit entscheiden. Naheliegenderweise wurde es die Schnecke, die in Deutschland überall beobachtet werden kann. Im Südwesten Deutschlands sammelt man sogar Weinbergschnecken ein und kocht daraus Suppe.

Früher gab es noch mehr Wörter, die auf die Langsamkeit der Schnecke anspielten: das Verb *schnecken* kommt noch bei Tieck und in der Studentensprache um 1800 in Wendungen wie *die Zeit schneckt sich hin* vor. Friedrich Müller nannte einen besonders zögerlichen Galan *Schneckenliebhaber*. Geblieben ist von dieser etwas altertümlichen Begrifflichkeit die *Schneckenpost*. Den Ausdruck verdanken wir Ludwig Börne, der sich 1821 in seiner »Monographie der deutschen Postschnecke« über die durch zu viele Rastpausen extrem verlangsamte Fahrt der Reisekutschen des vom Adelshaus Thurn und Taxis betriebenen Postwesens in den deutschen Kleinstaaten mokiert. Im Zeitalter der E-Mails gerät die Schneckenpost allmählich in Vergessenheit, während der *Schneckengang* immer noch das übliche Tempo der Bürokratie und der Justiz ist. Für diese beiden Reservate der Umständlichkeit ist der Ausdruck im 18. Jahrhundert als Spottwort eingeführt worden.

Vor allem aber reden wir noch vom *Schneckentempo.* Der Begriff kommt im 19. Jahrhundert auf und wird von Anfang an auch übertragen gebraucht: Am 16. Dezember 1866 beklagt sich ein Seidenwarenfabrikant in der Wiener »Konstitutionellen Volkszeitung«, dass der gerade abgeschlossene Handelsvertrag mit Frankreich, der die Importzölle auf Seidenwaren senke, der Ruin seiner Zunft sei. Er wundert sich: »Warum die denkwürdige Hast beim Abschlusse dieses Handelsvertrages, während doch eine Menge Reformen auch nicht einmal in ein Schneckentempo kommen können?«

Jünger ist die Redensart *jemanden zur Schnecke machen* »jemanden besiegen«. Sie wird auf die Soldatensprache des Zweiten Weltkriegs zurückgeführt. 1943 zitiert die von der NSDAP herausgegebene Zeitschrift »Illustrierter Beobachter« einen Wehrmachtssoldaten der Ostfront, der mit der Abwehr eines kombinierten Angriffs von Panzern und Infanterie prahlt: »Aber die haben wir vielleicht zur Schnecke gemacht! Bei uns kommen sie jetzt jedenfalls nicht mehr durch, bei uns nicht!« 1975 klagt die »Zeit« veraltete

Führungsmethoden in deutschen Betrieben an: »Beispielsweise gibt es auch heute noch viele Vorgesetzte, die ihre Mitarbeiter nicht unter vier Augen kritisieren, sondern sie stattdessen, um die eigene Autorität unter Beweis zu stellen, vor den versammelten Kollegen ›zur Schnecke machen‹.« Bis heute wird die Wendung meist im Sinne von »jemanden demütigen oder herunterputzen« gebraucht.

Schwan

Der Schwan ist vor allem am Anfang und am Ende seines Lebens für die Sprachschöpfer interessant: Nach dem Schlüpfen gilt er als *hässliches Entlein*, vor seinem Tode stimmt der *sterbende Schwan* einen *Schwanengesang* an. Die Vorstellung, der Schwan ahne seinen Tod voraus und gebe deshalb wohltönende Klagelaute von sich, stammt von den klassischen Griechen. Schon der Tragödiendichter Aischylos, der Gründervater des Theaters, legte 458 v. Chr. in seiner »Orestie« der Mörderin Klytämnestra, die gerade ihren Gatten Agamemnon und dessen Sklavin, die Seherin Kassandra, erschlagen hat, folgende Worte in den Mund: »Da liegt er tot; und sie, die einem Schwane gleich / Sich noch ein letztes Sterbelied gesungen hat, / Tot neben ihrem Liebsten.«

Zurückgeführt wird die Idee vom *Schwanengesang* heute üblicherweise auf den Singschwan, der im Gegensatz zum bei uns verbreiteten Höckerschwan tatsächlich eine Art Gesang anstimmt. Er kommt im Oktober aus seinen Brutgebieten in der Taiga Osteuropas und Asiens nach Westeuropa und Nordafrika. In meiner Ausgabe von »Brehms Tierleben« aus dem Jahre 1892 heißt es: »Wenn bei starkem

Frostwetter die Gewässer der See außerhalb der Strömungen nach allen Seiten mit Eis bedeckt und die Lieblingsstellen des Singschwanes, die Untiefen, ihm dadurch verschlossen sind, versammelten sich die Tiere zu Hunderten im noch offenen Wasser. Bald möchte man das singende Rufen mit Glockenläuten, bald mit Tönen von Blaswerkzeugen vergleichen. Dieser eigentümliche Gesang verwirklicht in Wahrheit die für Dichtung gehaltene Sage vom Schwanengesange, und er ist oftmals auch in der Tat der Grabgesang dieser schönen Tiere; denn da diese in dem tiefen Wasser ihre Nahrung nicht zu ergründen vermögen, so werden sie vom Hunger derart ermattet, dass sie zum Weiterziehen nach milderen Gegenden die Kraft nicht mehr besitzen und dann oft, auf dem Eise angefroren und verhungert, dem Tode nahe oder bereits tot gefunden werden.« Nun wäre bloß noch zu klären, wie ausgerechnet ein Grieche solche sich im äußersten barbarischen Norden Europas abspielenden Gräuelszenen unter den Schwänen je beobachtet haben sollte.

Obwohl schon Heinrich von Veldeke, Heinrich von Morungen und Konrad von Würzburg im späten Mittelalter die Legende von *Cygnus musicus*, dem singenden Schwan kannten und Letzterer das Lied des sterbenden Vogels gar mit dem Ruf des Gekreuzigten zu Gott verglich, so ist das zusammengesetzte Substantiv *Schwanengesang* in übertragener Bedeutung »letzter großer Auftritt, letztes Werk eines Sängers, Schauspielers, Dichters, Gelehrten« jedoch erst im 16. Jahrhundert belegbar. Man kann das wohl auf den Erfolg zweier humanistischer Bestseller jenes Jahrhunderts zurückführen. Der wiederentdeckte Cicero vergleicht in seinem »De Oratore« den Redner L. Crassus, der starb, kurz nachdem er eine Rede gehalten hatte, mit dem Singschwan: »Das war gleichsam die Schwanenrede des außerordentlichen Mannes.« Und Erasmus von Rotterdam beschreibt in seiner 1500 erschienenen Sprichwörtersammlung »Adagia«, einem der grundlegenden Werke der neuzeitlichen europäischen Geistesgeschichte, das noch Goethe nutzte, den *Cygnea cantio.*

Die Idee, dass einer angesichts des Todes besonders bewegende Werke hervorbringt, ist eine zutiefst deutsch-romantische, und einer der schönsten Belege dafür findet sich folgerichtig bei Novalis im romantischsten Buch der Welt, dem »Heinrich von Ofterdingen«. Dort wird die Legende eines Sängers aus der Vorzeit überliefert, den habgierige Schiffer umbringen wollten, statt ihn – wie verabredet – übers Meer zu bringen. »Da er sie nun einmal so fest entschlossen sah, bat er sie ihm wenigstens zu erlauben, daß er noch vor seinem Ende seinen Schwanengesang spielen dürfe, dann wolle er mit seinem schlichten hölzernen Instrumente, vor ihren Augen freywillig ins Meer springen.« Auch der letzten Liedersammlung, die Franz Schubert 1828 kurz vor seinem Tod komponierte, hat man posthum den Titel »Schwanengesang« gegeben. Die Vorstellung vom Schwanengesang des Künstlers kommt auch in anderen Sprachen vor: Nicht nur im Französischen, das vermutlich mit dem Deutschen wechselgewirkt hat, und dort seit dem 17. Jahrhundert in den Formen *l'hymne du cygne* und *le chant du cygne.* Sondern das Label der britischen Rockband Led Zeppelin hieß beispielsweise *Swan Song*, und Anton Tschechow hat einen Einakter namens *Lebedinaja pesnja* über einen alten Komödianten geschrieben.

Mit Prophetie wird das Verb *schwanen* verbunden, dass uns als *mir schwant etwas* oder *ihm schwante nichts Gutes* sehr geläufig ist. Hier konnte lange meine Heimatstadt Braunschweig das Urheberrecht beanspruchen. Angeblich stand beim Braunschweiger Zollschreiber Hermann Bote, den viele Wissenschaftler für den Autor des Volksbuchs »Till Eulenspiegel« halten, der Satz »Ome hadde so etwas geswanet«. Geschrieben haben sollte Bote das im »Schichtbuch«, im dem er über Braunschweiger Aufruhr, Machtkämpfe und Klassenunruhen berichtete (*Schicht* bedeutete im Mittelniederdeutschen »Ereignis, Begebenheit, Geschichte«, im letztgenannten Wort ist es bis heute verborgen). Doch ausgerechnet ein anderer Braunschweiger, Brage Bei der Wieden, Vorsitzender des lokalen Geschichtsvereins und Leiter des Staatsarchivs Wolfenbüttel, hat diesen Irrtum jetzt ausgeräumt: Der angebliche Bote-Beleg beruht auf einer falschen Lesart des Literaturwissenschaftlers Karl Scheller, und der Irrtum ist seit dem 19. Jahrhundert immer wieder in neue Wörterbücher übertragen worden.

Brage Bei der Wieden, der ein ganzes Buch über die kulturellen Beziehungen von Schwänen und Menschen geschrieben hat und dessen Meinung deshalb besonderes Gewicht hat, hält dagegen den Humanisten Jacobus Mycillus für den möglichen Erfinder des Wortes. In dessen Übersetzung von Tacitus' »Annales« lässt sich das Verb zum ersten Mal sicher nachweisen: In der Szene, in der Agrippa ihre Mörder erwartet, wird die unheilvolle Stille geschildert, die plötzlich im Palast und der Stadt herrscht. Da »hub jr an zû schwanen vnnd wolt sie nichts guts bedüncken«. Da in Tacitus' Original überhaupt nichts von Schwänen steht, hält Bei der Wieden es für möglich, dass Mycillus den Ausdruck hier neu geprägt hat – im Gedenken an die antike Legende von den prophetischen Schwänen.

Verworfen wird von Bei der Wieden auch eine andere Erklärung, die ich dennoch erwähne, weil sie sich in vielen Standardwerken findet: Weil der Ausdruck nur bei lateinkundigen Schriftstellern und in Universitätsstädten vorkam, wurde als sein Ursprung ein gelehrtes Wortspiel angenommen. Statt *es ahnt mir*, sollen die Herren Magister *es schwant mir* gesagt haben, weil auch sie die Sage vom Schwanengesang kannten. Möglicherweise war es auch ein Wortspiel mit dem lateinischen *olet mihi* »es ahnt mir«, das von witzigen Studenten mit dem lateinischen *olor* verbunden wurde, das wie *cygnus / cycnus* »Schwan« bedeutet.

Schöner ist die Deutung von Jacob Grimm: Er führt das Verb auf den germanischen Glauben an weissagende Schwanenjungfrauen zurück, also Elfen oder Walküren, die sich in Schwäne verwandeln können. Im Nibelungenlied begegnet Hagen von Tronje zwei solchen Geschöpfen. Ähnliche Legenden gibt es im Wölsung-Lied der Lieder-Edda, aber auch im China des 4. Jahrhunderts n. Chr. Nun fällt es nicht leicht, Jacob Grimm zu widersprechen, aber gegen die Herleitung aus altgermanischen Zeiten spricht, dass *schwanen* in keinem althochdeutschen oder mittelhochdeutschen Text auftaucht.

Deutlich prosaischer ist die Redensart vom *sterbenden Schwan*. Man sagt das ironisch, wenn jemand besonders grotesk fällt, vor allem aber, wenn ein Fußballer sich effektvoll fallen lässt, um einen Elfmeter oder Freistoß zu schinden. Zurück geht das auf das Ballettsolo, das der Choreograph Michel Fokine 1905 für Anna Pawlowa, die Primaballerina des St. Petersburger Mariinski-Theaters schuf. Zugrunde lag seiner Choreographie die Cello-Solo-Musik »Le Cygne« aus »Le carnaval des animaux« (1886) von Camille Saint-Saëns. Dazu wird sehr effektvoll mit den anmutigen Armen das Flügelschlagen imitiert, was schon bald viele auch als effekthascherisch empfanden.

Vielleicht ruf der eine oder andere angesichts eines solchen Anblicks *Mein lieber Schwan!* Dieser Ausruf des Erstaunens ist eine Verkürzung eines Zitats aus Richard Wagners Oper »Lohengrin«, wo der Schwanenritter den Vogel, der seinen Nachen gezogen hat, mit den Worten entlässt: »Nun sei bedankt, mein lieber Schwan! Zieh durch die weite Flut zurück, dahin, woher mich trug dein Kahn, kehr wieder nur zu unsrem Glück! Drum sei getreu dein Dienst getan! Leb wohl, leb wohl, mein lieber Schwan!« Man sieht auch hier, wie beim *sterbenden Schwan*, das Allererhabenste kann sehr leicht Ausdruck des Allerlächerlichsten werden.

Schwärmer

In sehr seltenen Fällen gerät das Tier, nach dem man ursprünglich Menschen mit besonderem Verhalten benannt hat, allmählich so sehr in Vergessenheit, dass fast niemand mehr sich bewusst ist, es hier mit einer Tiermetapher zu tun haben. So ist es mit dem *Schwärmer.* Ursprünglich war er eine Substantivierung von *schwärmen*, womit man im Mittelhochdeutschen das massenhafte Ausfliegen von Insekten im Schwarm bezeichnete. Gemeint waren damit allerdings zuerst Bienen.

Zu Luthers Zeiten muss das Wort auch für Schmetterlinge in Gebrauch gewesen sein, obwohl man lange angenommen hat, die Bezeichnung *Schwärmer* für eine Familie der Schmetterlinge sei jüngeren Datums und erst seit dem 18. Jahrhundert gängig. Doch es gibt bei Luther in den Tischreden eine eindeutige Stelle, in der die uns heute bekannte Bedeutung »Schwarmgeist« mit dem Namen der Schmetterlinge verknüpft wird: »Aber *varia genera erucarum* (verschiedene Arten von Raupen) hab ich in dem Garten gefunden, das ich glaub, es hab mir hie der Teufel herein geführt. Erstlich haben's gleich als Hörner in der Nasen etc. Aber es sein eigentlich die Schwermeri. Denn die Raupen haben schöne, silberne, goldene Striemen, scheinen hübsch; inwendig sein sie voll Gift, und wann sie sterben lassen sie viel Eier hinter sich und wird aus einer viel etc. *Sic schwermeri* (So die Schwärmer).«

In der Bedeutung »religiös Irregeleiteter« ist *Schwermer* ein wahres Lieblingswort Luthers, er meint damit Leute wie die Wiedertäufer, die »Sacramentslesterer«, oder den von religiöser Reformation zu sozialer Revolution übergehenden Vordenker des Bauernkriegs, Thomas Müntzer. Von ihnen will er sich genauso abgrenzen wie von den Katholiken. »Papisten und schwermer« sind seine erklärten Feinde. Über Letztere sagt er: »Der Teufel hat die Schwermer also verblendet, das sie nicht wissen, was sie selbs sagen.«

In diesem Sinne, für den wir heute eher *Sektierer* oder gar *Ketzer* gebrauchen würden, ist *Schwärmer* bis ins 19. Jahrhundert geläufig, genau wie das dazugehörige Verb *schwärmen*, das noch bei Goethe im Sinne von »undogmatisch religiös empfinden« auftaucht. Daneben ist es aber schon im 16. Jahrhundert mit der Bedeutung »Spinner« üblich: »Gelerter und weiser Leuth Kinder gerahten biszweilen auch zu Schwermern und Fantasten«, schreibt der 1605 gestorbene Hans Wilhelm Kirchhof in seiner Schwank-, Spruch- und Märchensammlung »Wendunmuth«.

Auch den *Nachtschwärmer* gibt es schon seit dem 17. Jahrhundert: Der Dichter, große Worterfinder, Grammatiker und Lexikograph Kaspar Stieler definiert Nachtschwärmer in seinem Wörterbuch so: »die den Tag in Nacht, und die

Nacht in Tag veränderen«. Noch bei Goethe kann *schwärmen* dementsprechend heißen »sich einem lärmenden Vergnügen hingeben«. Der Dichter schreibt am 13. April 1776 an Frau von Stein nach einer offenbar heftigen Sause am Weimarer Hof: »Wie haben sie geschlafen nach dem gestrigen Schwärmen?« Goethe war die Party offenbar gut bekommen: »Mir ist's wohl und im Herzen, dass ich's nicht sagen kann. Voll Ahndung und Hoffnung im Gegenwärtigen.«

Doch strengen Geistern der Reformation und auch noch der Aufklärung galt *schwärmen* als tadelnswert. Adelung erläutert das Verb 1780 in seinem Wörterbuch mit »dunkle oder verworrene Vorstellungen zum Bestimmungsgrunde seiner Urteile und Handlungen annehmen«. Heute, wo unsere Vorstellung von der Hölle darin besteht, dass unsere Gefühle von der Kälte des Gedankens übermannt werden, verbindet man damit eher die positive Bedeutung »warm empfinden und begeistert werden«. Wer nicht für eine Frau, einen Star, einen Fußballverein oder eine Kunst schwärmt, der gilt als emotional scheintot und geradezu verdächtig. Schwärmer sind wir alle.

Schwein

In der amerikanischen Westernserie »Deadwood« gibt es einen ziemlich makabren Running Gag: Wann immer der Salonbesitzer Al Swearengen wieder einmal gezwungen ist, einen Menschen zu ermorden, lässt er die Leiche anschließend zum chinesischen Wäschereibesitzer Mr. Wu bringen, der sie den riesenhaften Schweinen in seinem Koben zum Fraß vorwirft, welche die Körper spurlos beseitigen. Diese Praxis erinnert daran, dass Schweine nicht immer die rosigen überzüchteten Tiere waren, als die wir sie heute kennen – wenn wir überhaupt noch irgendeine Anschauung von den Kreaturen haben, aus denen unsere Wurst und unsere Schnitzel gemacht werden.

Die Schweine vergangener Zeiten muss man sich deutlich wilder und bedrohlicher vorstellen, auch weil sie zur Eichelmast in den Wald getrieben wurden und sich dort immer mal wieder mit Wildschweinen paarten. Eine realistische Ahnung, wie diese Tiere aussahen, gibt Albrecht Dürers Stich »Der verlorene Sohn bei den Schweinen«: Die Tiere, die den heruntergekommenen Kavalier auf dem Misthaufen umringen, haben dichte Borsten – man kann nahezu von einem Fell sprechen – und spitze, raubtierhafte Zähne.

Der Vergleich unreinlicher, dicker, gemeiner oder sexuell hemmungsloser Menschen mit Schweinen ist uralt, und von Anfang an wird damit ein moralisches Verdammungsurteil ausgesprochen. In einem mittelhochdeutschen Fragment heißt es: »Du bizt voller danne ein swîn.« In der dem Dichter Tannhäuser zugeschriebenen »Hofzucht«, einem Benimmbüchlein aus dem 13. Jahrhundert, wird derjenige getadelt, »so er izzet als ein swîn und gar unsüberliche snabet und smatzet mit dem munde sîn«.

Mindestens seit dem 17. Jahrhundert nennt man Menschen, die sich solcher Vergehen schuldig machen, dann ganz einfach *Schwein* und ihr Benehmen *Schweinerei.* Der Dichter Friedrich Logau (1650–1655) spielt mit der Doppeldeutigkeit des Wortes in einem Sinngedicht über den Antihelden Pravus: »Sicher wäre zwar bei Juden Pravus, weil er ist ein Schwein: Weil er aber auch ein Ochse, würd er doch nicht sicher seyn.« Heute lautet einer der Stoßseufzer des Küchenfeminismus »Männer sind Schweine.« Und eines davon ist jetzt Präsident der USA.

Donald Trump hat *Schwein gehabt.* Der Ursprung dieser Redensart mit der Bedeutung »unverdientes Glück haben« ist unklar. Die meisten Wissenschaftler führen sie darauf zurück, dass es im Mittelalter bei Wettkämpfen üblich gewesen sei, dem Schlechtesten als Trostpreis ein Schwein zu schenken. Von einem Rennen im Jahr 1448 wird berichtetet: »Das vordist pferdt gewann ein Scharlach-Tuch, das ander danach ein Sperber mit seiner Zuegehörung, das drit ein arbmbst, vnnd das lest pferdt ein Saw.«

Eine andere Theorie führt die Redensart darauf zurück, dass die höchste Spielkarte im deutschen Kartenspiel, der *Daus*, häufig mit einer Sau verziert wurde. Schweinebilder auf dem Daus sind für die Farben Schelle, Eichel und Herz aus dem 15. und 16. Jahrhundert nachweisbar. Die Karten hatten den Wert zwei, konnten aber alle anderen stechen und zählten elf Punkte. Ursprünglich war *Daus*, das mit lateinisch *duo* und französisch *deux* verwandt ist, das Wort für einen Würfel mit zwei Punkten.

Die Daus-Karte selbst wurde auch oft *Schwein* oder *Sau* genannt. Bei Johann Fischart heißt es 1591: »Ich hab vor das Esz, Saw und Dauss der Schellen, Klee, Hertz geworffen ausz; aber hie bhalt ich zu dem Stich die Eycheln-Saw, die regt nun sich.« Und in der Reimchronik über den Herzog Ulrich von Württemberg steht: »Das der Kenig all Karten stechen soll. Das ist vom obern biss vff das Schwein, Es woll dann aylfe gellten sein.« Die Volkskundlerin Marianne Rumpf, die viel Licht in das sprachhistorische Dunkel um Daus und Sau gebracht hat, vermutet den Ursprung der säuischen Symbolik im badischen Dialekt. Dort wird *Daus*, das auch in der etwas veralteten Redensart *Ei der Daus!* vorkam, wie *Dausch* ausgesprochen, mit dem man wiederum ein Mutterschwein oder eine Sau bezeichnen kann.

Auch wenn die meisten Redensartenwörterbücher mittlerweile das *Schwein gehabt* von den Trostpreisen des Mittelalters herleiten, spricht meines Erachtens doch einiges für die Spielkartentheorie – vor allem der Umstand, dass der Spruch sich zuerst in der Studentensprache des 18. und frühen 19. Jahrhunderts nachweisen lässt. Das Kartenspiel war den Studenten viel geläufiger als irgendwelche Bräuche damals schon längst vergangener Epochen. Außerdem ist die Studentensprache jener Zeit voll von Wörtern, in denen *Schwein* als Metapher für Glück, Wohlbefinden und manchmal auch Betrunkenheit dient. Man denke an Goethes Burschen in Auerbachs Keller, denen so wohl ist »als wie fünfhundert Säuen«. Auch das Verb *schweinigeln* »Zoten reißen, unflätige Reden führen« ist zuerst 1781 in Christian Wilhelm Kindlebens »Studenten-Lexikon« verzeichnet. Es leitet sich ab vom armen *Schweinigel*, der weder schmutzig noch geil ist, aber wegen der Form seiner Schnauze so genannt wird.

Noch rätselhafter ist die Bedeutung von *Schwein* in Redewendungen wie *das kann kein Schwein lesen*, *das glaubt kein Schwein*, *daraus wird kein Schwein klug*. Lutz Röhrich berichtet von einer Sage, wonach im 17. Jahrhundert in Schleswig eine Gelehrtenfamilie namens Swyn gelebt habe. Zu dieser wären die analphabetischen Bauern gekommen, um sich Urkunden und Schriftstücke vorlesen zu lassen. Wenn aber sogar die Swyns das Gekrakel nicht entziffern konnten, hätten die Bauern gesagt: »Dat kann keen Swyn lesen.«

So hübsch diese Geschichte ist, so unwahrscheinlich ist sie doch auch als Ursprung der Redensart. Naheliegender ist, dass *Schwein* – vielleicht auch zuerst in der burschikosen Sprache – irgendwann einfach ohne allzu besonderen Grund die Bedeutung »niemand« angenommen hat. Ähnliche Funktionen erfüllt im Französischen die Katze: *Es ist kein Schwein da* übersetzt man mit *il n'y a pas un chat.*

Kein Schwein ahnt heute noch, woher der Ausdruck *Schweinepriester* kommt: Ursprünglich soll er angeblich einen Schweinehirten im Klosterdienst bezeichnet haben, zu dessen Aufgaben auch die Kastration der Ferkel gehörte. Komischerweise lässt das Wort sich in dieser Bedeutung in keinem der großen historischen Wörterbücher nachweisen. Sicher ist, dass 1911 ein Lustspiel von Hermann Essig namens »Der Schweinpriester« gedruckt wurde, dessen Hauptfigur, ein Pfarrer, eine besondere Beziehung zu seinem Hausschwein hat. Schon 1893 war der entsprechende Band des »Deutschen Wörterbuchs« von Jacob und Wilhelm Grimms Nachfolgern erschienen, in dem *Schweinepriester* als »schimpfwort für einen unreinlichen oder unflätigen menschen« erklärt wird. In Mode gekommen ist das Wort erst ab 1980, nicht zuletzt durch den gleichlautenden Titel eines Comics des damals auch hierzulande sehr populären französischen Zeichners Jean-Marc Reiser, der im Original »Gros Dégueulasse« hieß.

Schweinehund

Heute sieht unsere Phantasie den Schweinehund als ein Mischwesen, das die unangenehmsten Eigenschaften, die man dem Schwein und dem Hund angedichtet hat, in sich vereint. Aber am Anfang war der *Schweinehund* oder *Schweinshund* einfach ein Hund, der Schweine hütete, wenn man sie zur Eichelmast in den Wald trieb – solange man denn das Schweinerecht oder die Schweinemastgerechtigkeit hatte, die einen dazu ermächtigte. Häufig war das eine kleine Pfründe, die Schultheißen oder Pfarrern verliehen wurde. Schweinehund konnte aber auch ein Tier heißen, das besonders für die Wildschweinjagd abgerichtet war. So ein Hund wird schon in den alemannischen Gesetzen des 7. Jahrhunderts n. Chr. als *porcarilius* erwähnt.

Als Schimpfwort stammt *Schweinehund* aus der Studentensprache, der älteste Beleg, den ich gefunden habe, ist von 1817. Da zitiert der ehemalige Oberarzt J. W. Frowein in einem Bericht für die Zeitschrift »Die Zeiten. Archiv für neueste Staatengeschichte und Politik« über das Hauptfeldlazarett Nr. 8 in Köln seinen Kollegen, der immer »Schweinehund und dergleichen pöbelhafte Namen« für Leute im

Munde führte, die ihm nicht passten. 1831 ist der Ausdruck dann schon literaturfähig – zumindest bei einem alkoholkranken Kraftwortliebhaber wie Christian Dietrich Grabbe, der es in »Napoleon oder die hundert Tage« seiner Dramenfigur Ephraim in den Mund legt. Aber auch die charakterlich ganz anders geartete Rahel Varnhagen benutzt es etwa zur gleichen Zeit. Am Ende des 19. Jahrhunderts ist es schließlich allgegenwärtig.

Der *Schweinehund* scheint eine bizarre Faszination auf Engländer und Amerikaner auszuüben. Wenn Schriftsteller, Drehbuchautoren oder Comic-Schreiber deutschen Figuren Flüche in den Mund legen, erscheint das Wort fast immer darin. In den vier Fundstücken, mit denen das »Oxford English Dictionary« untermauert, dass das Wort seit 1941 regelmäßig in britischen oder amerikanischen Texten vorkommt, sind die fiktiven Sprecher in drei Fällen deutsche Soldaten oder Nazis, und dreimal ist das Wort falsch geschrieben: *Schweinhund*, *schwinehund*, *Schweinhundt*.

Das »OED« ist hier aber nicht sehr up to date: *Schweinehund* taucht sogar schon 1871 in einem Bericht über die deutsche Theaterszene in der Zeitschrift »Gentleman's Quarterly« auf, und 1915 muss das Schimpfwort in Amerika schon so bekannt gewesen sein, dass die Illustrierte »Life« es in eine Parodie auf die »sanfte« deutsche Propaganda einflechten konnte, in der die Aussprache des Englischen durch Teutonen persifliert wurde: »Lofe an' Beace, dat is wot wie Chermans bring to de world. Bax Germanica – wether you like ist or not; and anyone who tinks different is a Schweinehund.«

Den *inneren Schweinehund* verdanken wir möglicherweise der Soldatensprache des Ersten Weltkriegs. Der im Weltkrieg schwer verwundete SPD-Abgeordnete Kurt Schumacher war wahrscheinlich der Erste, der dieses Wort aus den Schützengräben in die politischen Debatten getragen hat. In einer Rede am 23. Februar 1932 im Deutschen Reichstag, bei deren farbiger Ausdrucksweise und argumentativer Treffsicherheit einem noch heute die Ohren schlackern, fasst er zusammen: »Die ganze nationalsozialistische Agitation ist ein dauernder Appell an den inneren Schweinehund im Menschen.« In der gleichen Rede nennt Schumacher Nationalsozialisten, die ihm unterstellen, er habe sich die Kriegsverwundung selbst zugefügt, übrigens »Untermenschen«. Genützt hat es bekanntlich alles nichts. Und der *innere Schweinehund* wurde dann auch noch ein Wort der Nazipropaganda, das sich im Vokabular Görings genauso nachweisen lässt wie in der SS-Zeitschrift »Das schwarze Korps«. Die Fähigkeit, den *inneren Schweinehund* zu besiegen, wird zur wichtigsten Tugend des deutschen Volksgenossen und des Soldaten erklärt.

In der Landsersprache des Zweiten Weltkriegs ist die Wendung dann allgegenwärtig: Von Angst und Kriegsmüdigkeit durfte und wollte keiner reden, aber wenn in Feldpostbriefen nach Hause die Sprache auf den *inneren Schweinehund* kam, den man immer wieder verjagen musste, dürften die sensibleren Empfänger verstanden haben, was gemeint war.

Stute

Früher waren nur die Fische stutenbissig. Das Wort *Bissgurre* ist ein alter Name für den Schlammpeitzger oder Schlammbeißer, einen Fisch, der die Darmatmung beherrscht: Er kann Luft verschlucken und so auch überleben, wenn der sumpfige Flussnebenlauf, der sein bevorzugter Aufenthaltsort ist, einmal austrocknet. Grundwort von *Bissgurre* ist *Gurre*, eine im Mittelhochdeutschen und länger noch in süddeutschen Dialekten gängige Bezeichnung für eine alte, wertlose Stute.

Wer auf die Idee gekommen ist, einen Fisch nach einer Stute zu benennen, bleibt im Dunkel der Geschichte. Naheliegender ist es schon, zänkische Frauen als *Bissgurren* oder *Bissgurrn* zu bezeichnen (besonders gern dann, wenn sie alt sind), wie es seit dem 17. Jahrhundert bezeugt ist und bis heute im Österreichischen und Bayerischen geschieht. Der Dichter Franzobel lässt in seinem 2005 erschienenen Roman »Das Fest der Steine« eine Figur sagen: »Man kann die Weiber auf drei Arten reduzieren, Ganserln, Trutschn oder Bissgurn.« Und in einem Sachbuch über den Wiener Gemeindebau heißt es: »Hausbesorgerinnen galten früher als ziemliche Bissgurn – ein alter Wienerischer Ausdruck für resolute, wortgewaltige Frauen.« Zugrunde liegt dem Wort offenbar ein schon seit fernen Zeiten üblicher Vergleich der bösen Frau mit einer unbrauchbaren Stute. Schon in einem mittelhochdeutschen Text heißt es: »dô starp ouch diu alte gurre« – gemeint war hier »das schlechte weibsbild«.

Die deutsche Gegenwartssprache kennt zwar nicht die Bissstute, aber dafür die Substantive *Stutenbissigkeit* und *Stutenbiss* sowie das Adjektiv *stutenbissig.* Alle sind offenbar recht neu, so als habe unsere Zeit nach einem Ersatz für das verlorene *Bissgurre* gesucht. In den Rechtschreibduden sind sie bis heute nicht aufgenommen, doch das große dreibändige Duden-Werk »Die deutsche Sprache« definiert *Stutenbiss* als »aggressives Verhalten, aggressive Einstellung einer Frau gegenüber anderen (als Konkurrentinnen angesehenen) Frauen« und führt auch das Eigenschaftswort mit entsprechender Definition.

Nachzuweisen ist *stutenbissig* erst seit 1991, und auch ich habe das Wort in den Neunzigern zum ersten Mal gehört. 1992 schreibt Rudolf Augstein zu den Affären des britischen Thronfolgers: »Charles fand Erlösung bei der ausgeprägt vierschrötigen Offiziersgattin Camilla Parker Bowles, die von Diana, stutenbissig, als ›Rottweiler‹ geschmäht wird.« 1998 ist das Wort dann schon so etabliert, dass sich eine Autorin in der »Berliner Zeitung« fragt: »Wie nennt man nun aber bloß die maskuline Variante des Attributs ›stutenbissig‹?«

Die Frage ist natürlich eine rhetorische, denn das Wort

dient allein dazu, Frauen ein Verhalten zu unterstellen, das bei Männern angeblich gar nicht vorkommt. Männer, so die Legende des Patriarchats, konkurrieren vielleicht im edlen Wettstreit, aber dabei geht es immer ganz ritterlich zu. *Stutenbissigkeit* oder *Zickigkeit* (noch so eine Tiermetapher zur Abwertung der weiblichen Psyche) ist Männern ganz fremd.

Tiger

Das Wort *tigern* als Ausdruck einer ziellosen Bewegung konnte erst entstehen, als es Zoos gab. Denn es setzt die Anschauung der Raubkatze voraus, die ununterbrochen im Käfig ihre irre wirkenden Runden dreht. Niemand hat das Erbarmen, das den Menschen angesichts dieser Gefangenschaft befallen kann, schöner ausgedrückt als Rainer Maria Rilke in einem der berühmtesten deutschen Gedichte: »Sein Blick ist vom Vorübergehn der Stäbe / so müd geworden, dass er nichts mehr hält. / Ihm ist, als ob es tausend Stäbe gäbe / und hinter tausend Stäben keine Welt. // Der weiche Gang geschmeidig starker Schritte, / der sich im allerkleinsten Kreise dreht, / ist wie ein Tanz von Kraft um eine Mitte, / in der betäubt ein großer Wille steht.« Rilkes Studienobjekt war zwar ein Panther im Pariser Jardin des Plantes, aber ein Tiger tigert genauso umher.

Den frühesten Beleg für das Verb im genannten Sinne habe ich im Tagebuch des Artilleristen Ernst Pauleit gefunden, das sein Urenkel hundert Jahre später im Internet veröffentlichte. Am 16. September 1914 heißt es da: »Die Fernsprechverbindung zu den Geschützen war futsch, unsere

Batterie ihrer Augen beraubt. Ich tigerte wohl eine Stunde im Gelände herum, sprang von Trichter zu Trichter, besserte die Stellen aus – doch im Kopfhörer meldete sich weder Batterie noch Beobachtung.«

Älter ist das adjektivisch in der Bedeutung »mit Tigerstreifen versehen« benutzte Verb, das heute noch zur Beschreibung von Kleidung im Gebrauch ist: eine *getigerte* Hose war in meiner Zeit als Punk Ende der siebziger Jahre eine coole Sache, in gewissen proletarischen Milieus Berlins hält man sie heute noch dafür. Schon bei Christoph Martin Wieland heißt es 1771 über einen Reiter, er habe »auf einem getigerten Hengst gesessen«. Getigert kann auch »fleckig« bedeuten, bei Gustav Freytags »Soll und Haben« heißt es über den Juden Itzig: »Sein schmales Gesicht war voller geworden, die großen Sommersprossen, welche ihn früher getigert hatten, waren verblichen.« Auch bei uns Punks war eine getigerte Hose 1977 oft genug in Wirklichkeit eine Leopardenhose.

Weil der Tiger als Inbegriff reißender Raubtierkraft gilt, ist sein Name gelegentlich kampfstarken Personen als Ehrentitel beigelegt worden. Manche verliehen ihn sich gar selbst. Bei den jüngsten Tigern, an die ich mich erinnere, dem Fußballer Stefan Effenberg und dem Boxer Dariusz Michalczewski, wirkte dieser Titel immer ein bisschen lächerlich. Beim Tiger Georges Benjamin Clemenceau war das nicht der Fall; dieser französische Ministerpräsident machte im Ersten Weltkrieg dem herumtigernden Ernst Pauleit und den übrigen deutschen Soldaten an der Westfront mit seiner

Entschlossenheit zu schaffen, durch die es ihm gelang, das Land aus der Kriegsmüdigkeit herauszureißen und zum Sieg zu führen.

Das Wort *Tiger* ist über die Vermittlung des Griechischen und Lateinischen aus dem Persischen zu uns gekommen. Bis zum 16. Jahrhundert hielt man es für nötig, die am anderen Ende der Welt beheimatete Raubkatze als *tigertior* (althochdeutsch in einer Handschrift des 12. Jahrhunderts) und *tigertier* (mittelhochdeutsch) zu verdeutlichen. Die wenigen Tiger, die Europa bis dahin gesehen hatte, kamen in der Antike als Folge der Eroberungszüge Alexanders hierher. Ende des 4. Jahrhunderts v. Chr. bekamen die Athener von Alexanders Nachfolger im Osten, Seleukos I., einen echten Tiger geschenkt. Zuvor hatte schon der griechische Arzt Ktesias von Knidos in seinem Werk »Indiká« den Tiger erwähnt, jedoch wenig realistisch. Demnach sollte die »Bestie Indiens« drei Zahnreihen haben und einen Stachel am Schwanz, den er auf ihn verfolgende Feinde schleudern konnte.

Römer sahen die große Raubkatze Ostasiens erstmals, als eine indische Gesandtschaft 20 v. Chr. dem Kaiser Augustus Tiger schenkte, während er sich auf der Insel Samos aufhielt. Neun Jahre später präsentierte Augustus dem römischen Publikum einen Tiger in der Arena. Da die Tiere viel schwieriger aufzutreiben waren als die im nahen Afrika und vereinzelt auch noch in Südeuropa lebenden Löwen, blieben solche spektakulären Auftritte den Zirkuszuschauern in der Hauptstadt des Imperiums vorbehalten, und auch da waren sie selten. Der letzte Tiger, der lebend den Mittelmeerraum erreichte, wurde im Jahr 448 in Konstantinopel übergeben. Nach dem Untergang des Imperium Romanum allerdings gab es bis ins 15. Jahrhundert hinein keine *Tigertiere* mehr in Europa.

Der Tiger wird bis heute in der hiesigen Vorstellungswelt mit Asien verbunden: Als *Tigerstaaten* bezeichnete man in den achtziger Jahren Taiwan, Südkorea, Singapur und Hongkong, deren schnell wachsende Volkswirtschaften zum Sprung auf das Niveau Europas, Amerikas und Japans ansetzten. In Europa hat sich Irland eine Zeit lang gerühmt, der *Celtic Tiger* zu sein.

Ebenfalls aus Asien ist das Wort *Papiertiger* importiert. Bereits 1836 berichtet der Brite John Francis Davis in seinem in London erschienenen Buch »The Chinese«, dass die Chinesen einen harmlosen, aufgeblasenen Burschen *paper tiger* nennen. Im Deutschen taucht das Wort 1955 zum ersten Mal in einem Pressebericht auf, der behauptet, die chinesischen Kommunisten würden die Amerikaner als eine Art Papiertiger sehen. 1958 wird in der »Zeit« aber auch schon »die schweizerische Atombewaffnung« so genannt, hier ist das Wort wohl eher im Sinne von »Hirngespinst« gemeint.

Am 1. Dezember des gleichen Jahres hält dann der Vorsitzende Mao eine Rede auf der Tagung des Politbüros des Zentralkomitees der Kommunistischen Partei Chinas in Wutschang. Ein Echo dieser Rede gelangt auch in deutschsprachige Publikationen. Mit der Wiedergabe der Ansprache im seit 1964 in vielen Sprachen gedruckten Sammelwerk »Worte des Vorsitzenden Mao« (meist Mao-Bibel genannt) wird der Ausdruck schließlich weltweit populär gemacht. Im Kapitel »Die Imperialisten sind Papiertiger« wird verkündet: »Ebenso wie es nichts auf der Welt gibt, das nicht eine Doppelnatur hätte (das ist eben das Gesetz der Einheit der Gegensätze), so haben auch der Imperialismus und alle Reaktionäre eine Doppelnatur: sie sind wirkliche Tiger und zugleich Papiertiger. (…) Einerseits sind sie echte Tiger, die Menschen fressen, Millionen und Abermillionen Menschenleben vernichten. (…) Das chinesische Volk brauchte, um die Herrschaft des Imperialismus, des Feudalismus und des bürokratischen Kapitalismus in China zu liquidieren, mehr als hundert Jahre, und Dutzende Millionen Menschen mussten ihr Leben lassen, ehe im Jahre 1949 der Sieg errungen war. Sehen Sie, waren das nicht lebendige Tiger, eisenharte Tiger, echte Tiger? Letzten Endes aber haben sie sich in Papiertiger, in tote Tiger, in butterweiche Tiger verwandelt.« Viele halten Mao deshalb für den Erfinder des Begriffs.

Die Metapher *Papiertiger* – auf Mandarin *zilaohu* von *zhi* »Papier« und *laohu* »Tiger – für jemanden, der nur vorgibt, mächtig und stark zu sein, ist in China schon lange im Gebrauch gewesen. In dem Volksbuch »Die Räuber vom Liang-Schan Moor«, das im 14. Jahrhundert vermutlich von Shi Nai'an und Luo Guanzhong verfasst worden ist, sagt eine Figur: »Aber wenn die Zeit zum Handeln kommt – was bist du dann wert? Wenn du einen Papiertiger siehst, schreist du vor Angst.« Da der Roman in der chinesischen Umgangssprache der Epoche geschrieben ist, darf man annehmen, dass das Wort damals schon Allgemeingut war und es sich keineswegs um eine poetische Neuschöpfung der Autoren handelt.

Eindeutig belegt ist, wer den Spruch »Pack den Tiger in den Tank« erfunden hat. Das waren die Werber der Ölfirma Esso. Ihre Werbekampagne von 1959 machte die Redensart *Put a tiger in your tank* rasch zum Bestandteil alltäglicher Gespräche. 1965 kam der Spruch dann auch nach Europa. Obwohl die Kampagne nur drei Jahre lief, blieb die deutsche Fassung *Pack den Tiger in den Tank!* noch über Jahrzehnte populär und untrennbar mit dem Markenimage von Esso verbunden – so sehr, dass nie wieder ein anderes Unternehmen wagte, einen Tiger als Werbefigur zu nutzen. Mit einer Ausnahme: Granini verkauft eine Kinderlimonade namens *Frucht-Tiger*, deren hoher Gehalt an Zucker und Zitronensäure den härtesten Tigerzahnschmelz durchlöchern würde. Dafür ist Alexander nicht nach Asien gezogen!

Vogel

Wenn ein komischer Vogel und ein Paradiesvogel in die Federn steigen und vögeln, muss das nicht unbedingt im Vogelbauer stattfinden. Dass wir andere Menschen als *Vögel* bezeichnen, ist – wie die *Krokodilstränen* und vieles andere – ein Erbe der Antike. Der römische Dichter Juvenal, der um die Wende zum 2. Jahrhundert lebte, behauptet in seinen Satiren, eine treue Ehefrau sei ein *»rara avis in terris, nigroque simillima cygno«* (ein seltener Vogel in allen Ländern, am ähnlichsten einem schwarzen Schwan). Offenbar liebte er solche Vogelmetaphern, denn er ist auch der Urheber der Redensart vom *weißen Raben.* Allerdings hat er den humanoiden *rara avis* nicht erfunden. Den gab es auch schon in den Satiren des Persius Flaccus, der ein halbes Jahrhundert früher lebte. Nur ist der nicht so bekannt gewesen und auch in der Neuzeit nicht so viel gelesen worden wie Juvenal.

Im Deutschen taucht die Wendung *ein seltsamer Vogel* (gemeint ist hier: selten) zuerst bei Luther auf. In seiner Schrift »Von weltlicher Obrigkeit« konstatiert er illusionslos: »Und solt wissen, das von anbegyn der wellt gar eyn seltzam vogel ist umb eyn klugen fursten.« Ein paar Jahre später lässt sich die Wendung auch in einer Übersetzung von Erasmus von Rotterdams Schrift »Colloquia familiara« nachweisen. Die hochgebildeten und lateinfesten Gelehrten Luther und Erasmus dürften die Satire des Juvenal wohl gekannt haben und sind vermutlich davon inspiriert.

Man darf davon ausgehen, dass Formulierungen wie *komischer Vogel, schräger Vogel* nur Ableitungen des von Juvenal geprägten Originals sind. Obwohl es natürlich nicht ganz ausgeschlossen ist, dass Deutsche unabhängig vom antiken Vorbild auf die Idee gekommen sind, Menschen mit solchen geflügelten Metaphern zu bezeichnen. Dagegen spricht allerdings, dass sich die Wendung weder in lateinischen noch in deutschen Schriften vor dem Humanismus nachweisen lässt.

Nachdem das Sinnbild vom Vogelmenschen erst einmal in der deutschen Sprache etabliert war, wirkt es dort sehr produktiv. Jörg Wickram nennt 1555 in seiner Schwanksammlung »Das Rollwagenbüchlein« einen Taugenichts einen *nassen Vogel*. Dem liegt wohl die Idee zugrunde, er sei so wenig nutze wie ein Vogel, der nicht mehr fliegen kann, weil seine Federn triefnass sind. Bald gesellen sich der *lockere*, der *leichte* und der *lustige Vogel* dazu. Der *Unglücksvogel* im heutigen menschlichen Sinne steht dann spätestens bei Goethe, vorher meinte das Wort einen Vogel, der Unglück bringt. Noch jünger ist *Pechvogel*, das erst entstehen konnte, nachdem *Pech* ab 1800 von der Studentensprache ausgehend die Bedeutung »Unglück« angenommen hatte.

Der wahrhaft seltene Vogel wird seit dem 18. Jahrhundert auch *Paradiesvogel* genannt. Zoologisch bezeichnet man damit heute eine sehr bunt gefiederte Familie von Sperlingen, die in Australien, auf den Molukken und vor allem in Neuguinea vorkommt – dort ist der Paradiesvogel, dessen prächtige Federn einst den Kriegern zur Zier dienten, sogar im Staatswappen vertreten. Früher war der Begriff naturwissenschaftlich noch nicht so genau definiert; es könnte aber durchaus sein, dass das Aufkommen des Wortes mit echten Paradiesvögeln zu tun hat, die vielleicht die Portugiesen, mit Sicherheit aber die Holländer von den Molukken mitbrachten. Diese beiden Nationen hatten ab 1512 Stützpunkte auf den Gewürzinseln angelegt, um das Monopol auf den Handel mit Muskatnüssen und Gewürznelken zu verteidigen. 1561 taucht das entsprechende Wort dann erstmals im Wörterbuch des Schweizer Pfarrers Josua Maaler auf. Goethe schreibt am Montag, den 13. Februar 1769 an die in Leipzig zurückgebliebene Freundin Friederike Oeser: »Gelehrige Schülerinnen, Freunde, wie sich's gehört, darauf wart ich noch; wenn ich sie erwischt habe, die Paradiesvögel, Da will ich's Ihnen schreiben.« Bei Jean Paul kann 30 Jahre später ein *Paradiesvogel* auch ein gesellschaftlich besonders bunter Vogel oder einfach nur ein auffällig gekleideter Mensch sein – also etwas, das unserem heutigen Verständnis des Wortes nahekommt. Im Roman »Titan« heißt es über einen Minister: »Er wollte am Vermählungsfeste – seiner Geliebten wegen – ein wahrer Paradiesvogel, ein Paradeur, eine Venus à belles Fesses sein.« Und bei Ludwig Börne nimmt der Ausdruck schließlich einen Beiklang des Gewöhnlichen oder gar Niedrigen an, wenn er schreibt, die Zuhörerschaft in einem

Theater habe »größentheils aus Handwerksburschen und andern Paradiesvögeln« bestanden.

Da nähert sich der Paradiesvogel dem *Vogelfreien. Vogelvri* nannte man schon im Mittelhochdeutschen einen Geächteten, der Angriffen auf Leib und Leben schutzlos preisgegeben war und der gleichsam lebendig den Vögeln zum Fraß vorgeworfen war wie eine Leiche am Galgen. In Willibald Alexis' Roman »Der Roland von Berlin« hält der Bürgermeister dem jungen Henning einen Vortrag über falsche Freunde, die einen auf die schiefe Bahn locken: »Schon manch Kind guter Leute ward von ihnen beschwatzt. Dachte Wunders was durch sie zu werden, und endete am Galgen oder in der Haide, wo die Vogelfreien ihr Haus haben.«

Wenn man dem Vogelfreien *einen Vogel zeigt*, dann weil der Volksglaube lange annahm, Geisteskrankheiten würden durch Tiere ausgelöst, die sich im Kopf eingenistet haben. Das konnte ein Wurm, eine Grille oder eben ein Vogel sein. Durch das Pochen an die Stirn deutet man bekanntlich an, dass das bei demjenigen, den man für irre hält, wohl der Fall sei. Die Geste kann durch Sätze wie *Bei dir piept's wohl?* oder *Du hast wohl einen Vogel?* unterstützt werden. Beides ist aber frühestens seit dem aufgeklärten 19. Jahrhundert bezeugt, was gegen die Annahme spricht, es liege alter Aberglaube zugrunde. Doch solche groben Redensarten wurden vielleicht auch einfach seltener schriftlich fixiert. Sie sind ja der gesprochenen Sprache zugehörig, die uns nur in so manchem Theaterstück und in den Aufzeichnungen von Tischgesprächen überliefert ist.

Vogel-Strauß-Politik nennt man ein Handeln, das die Augen vor den Realitäten verschließt. Der Ausdruck lässt sich seit Mitte des 19. Jahrhunderts nachweisen. Am 9. Juni 1866, gut einen Monat vor der entscheidenden österreichischen Niederlage bei Königgrätz, witzelt jemand in der Wiener Gazette »Figaro«: »Der berühmte preußische Gelehrte David Strauß, spricht sich in einem Dialog, den die ›R. Z.‹ veröffentlicht, entschieden gegen Bismarck und dessen kriegerische Politik aus. Wer soll dann noch für diese Vogel-Strauß-Politik sein?« Offenbar galt damals für Journalisten noch nicht das heute unumstößliche Humorgesetz »No jokes with names!«

Den Vogel abgeschossen haben bedeutet »die beste Leistung erzielt haben« oder »der größte Glückspilz sein«. So sagt man mindestens seit dem 17. Jahrhundert. In Christian Weises am 10. Februar 1682 uraufgeführtem Theaterstück »Von Jacobs doppelter Heyrath« schmeichelt Dorcan dem biblischen Jacob, er habe Glück bei den Frauen: »Mein Herr Jacob hat den Vogel abgeſchoſſen: er kan ſich růhmen / daß er das ſchőnſte Mågdgen aus dem Lande darvon atrågt.« Wer den Vogel abschoss, war ursprünglich der Schützenkönig: Bei der Kirmes wetteiferten Männer darum, wer den Vogel von einer Stange runterschießen könne. Dieser musste keineswegs aus Holz sein, sondern es konnte sich auch um ein ganz nahrhaftes, dort oben festgebundenes Tier handeln, wie ein Eintrag im Schützenbuch der St.-Sebastianus-Bruderschaft der Stadt Andernach andeutet: »Anno 1619 u. 1620 hat Peter Franken die zwei Jahr den Vogell nach einander abgeschossen und den Braden geben mit Mathes Franken.«

Gevögelt wird seit dem späten Mittelalter. Ursprünglich ist das Verb *vögeln* tatsächlich auf den Koitus von Vögeln bezogen, obwohl es heute in der Sprache der Bauern und Geflügelzüchtern treten heißt, wenn der Hahn auf die Henne steigt. Zunächst hieß althochdeutsch *fogalon* »Vögel fangen«. Bei dieser Tätigkeit erreichte laut einer Legende den Sachsenherzog Heinrich Anfang des Jahres 919 irgendwo im Wald die Nachricht von seiner Bestimmung zum deutschen König, sodass er als Heinrich der Vogler in die Geschichtsbücher einging. Doch irgendwann erweiterte sich die Wortbedeutung, vielleicht weil *Vogel* im Mittelhochdeutschen einen Penis bezeichnen konnte. Bei Neidhart heißt es: »ich waen er ir ze liebe hat in die selbe kliebe sinen roten vogel geschoben«. Schon vor 1400 wird der Verkehr zwischen Meister Adebar und Gemahlin in den anonymen »Gesta Romanorum« so beschrieben: »dâ vogelt sich die störchin mit einem andern storchen.« Und unser schon häufiger zitierter Gewährsmann Konrad von Megenberg klärt in seinem »Buch der Natur« auf: »diu kränchin stât, wenn si der kranch vogelt.« Spätestens im 16. Jahrhundert kommen dann auch Menschen in den Genuss zu vögeln und gevögelt zu werden. Bei Valentin Schumann beschreibt 1559 eine Edelfrau in dem Schwank »Von einem armen Landsknecht, welche auff der gart zohe, wie er bey einem edelmannes weyb schlieff«, wie ungerecht es damals beim Sex zuging: »Pfuy dich, wie werden die losen huren so wohl auf harttem stro gefoglet, und wir frommen weyber so ubel und selten auf gutten betten!« Goethe lässt 1775 in seinem von Fotzen, Schniepeln und

Löchern bevölkerten grobianischen Fastnachtsspiel »Hanswursts Hochzeit« (das er wohlweislich nie vollendendete und veröffentlichte) den Titelhelden sich die Wonnen der Ehe ausmalen: »Und hinten drein komm ich bey nacht und vögle sie, das alles kracht.«

Wanze

Die Wanze war mal eine Laus. Zoologisch gesehen gehören diese blutsaugenden Insekten zwar zur Gruppe der Schnabelkerfe, doch das nahm man im Mittelalter nicht so genau. Weil man die Tiere oft in den Ritzen von Wänden beobachtete (noch heute verstecken sie sich gerne unter Tapeten), nannte man die Wanze *wantlus* und manchmal auch *wantworm*. In der ersten Form tritt das Wort im Althochdeutschen vom 11. Jahrhundert an auf, später auch noch im Mittelhochdeutschen und Mittelniederdeutschen. Bis ins 18. Jahrhundert existiert es als *Wandlaus* fort. Dann wird es von *Wanze* verdrängt, das im 14. Jahrhundert im bayerisch-österreichischen Raum entstanden ist, indem das Wort auf den ersten Bestandteil der Zusammensetzung verkürzt wurde und das affektive, also eine Gefühlseinstellung ausdrückende Suffix *-tz* angehängt wurde.

Vom 16. Jahrhundert an setzt sich das neue Wort in der Literatursprache durch. Doch noch im 17. Jahrhundert hält es der viel wissende und viel schreibende Ulmer Autor Martin Zeiller für nötig, seinen Lesern beide Wörter anzubieten, als er ihnen in seiner »Centuria Variarum Quaestionum« rät:

»Die Wandleuse oder Wantzen vertreibet auß den Gärten und Zimmern der Rauch von Bolellio (so ein Gummi), dürren Myrrhen und Schwefel gemacht.« Dadurch erhöht er seine Chancen, von möglichst vielen Lesern im mundartlich zerrissenen Deutschen Reich verstanden zu werden.

Die Wanze ist ein Zivilisationsfolger. Ursprünglich vermutlich aus Asien stammend, wird sie in Europa erst zum Massenphänomen, als man hier in größerer Zahl Häuser und Wohnungen baut, die ihr die warmen mittleren Temperaturen bieten, die sie zum Leben braucht. Da sie mit Koffern und Taschen durch die Welt geschleppt wird, ist sie in Gaststätten und Hotels besonders häufig anzutreffen. Kurt Tucholsky würzt einen Artikel namens »Unterwegs 1915« in der »Schaubühne« über eine Reise hinter der Front in Ostpreußen und Litauen mit regelmäßigen Wanzenstandsmeldungen: »Nachts Wanzen. Viel Wanzen«, später dann: »Nachts Wanzen. Siehe oben.«

Die blutsaugerische Hartnäckigkeit der Wanze, die immer standorttreu bleibt, solange ihr Ernährer regelmäßig im Zimmer schläft, hat Ausdrücke wie *sich ranwanzen* oder *anwanzen* inspiriert. Sie lassen sich 1973 erstmals fassen. Da heißt es in einer im ironischen Ton verfassten Literaturrezension von K. H. Kramberg in der »Zeit« über einen Intriganten am Hofe König Davids: »Aber nachdem der Ärger passiert ist, schwenkt er um, wanzt sich bei Absalom an und überführt sich bei David durch einen Versprecher als Mitschuldiger an der inzwischen schon erfolgten Ermordung des Kronprinzen.« Häufiger liest und hört man *ranwanzen* erst in den nuller Jahren. Doch schon Hermann Frischbier kennt in seinem »Preußischen Wörterbuch« von 1882/83 das Verb *wanzen* im Sinne von »als überflüssiger Mann ratend beim Kartenspiel sitzen«, das ihm laut Quellenverzeichnis der Rittergutsbesitzer A. Treichel in Hoch-Paleschken in Ostpreußen überliefert hatte – wir würden heute stattdessen sagen: *kiebitzen*. Und in der Studentensprache gab es, wie das Grimm'sche Wörterbuch bezeugt, den Ausdruck *herumwanzen* »faulenzen«.

Viel jünger ist die Bezeichnung *Wanze* für ein Abhörgerät, das man irgendwo einschmuggelt, um heimlich mitzuhören. Die »Zeit« berichtet im März 1970 über dieses nicht nur von Geheimdienstagenten, sondern auch von neugierigen Blockwartseelen und von Kriminellen genutzte Spielzeug: »Im Justizministerium schätzt man, daß etwa 10 000 sogenannte ›Wanzen‹ im Umlauf sind. Weniger vorsichtige Schätzungen beziffern die Zahl der Mini-Spione sogar auf 100 000.« Die gleiche Zeitung blickt Anfang 2016 in eine düstere nahe Zukunft: »Vernetzte Autos oder Geschirrspüler werden zu Wanzen, jetzt auch ganz offiziell.« Hintergrund war, dass am 9. Februar des Jahres James Clapper, Direktor der siebzehn amerikanischen Geheimdienste, erstmals öffentlich gesagt hatte, seine Behörden könnten das Internet der Dinge in Zukunft zur »Identifizierung, Überwachung, Beobachtung, Lokalisierung und zur Auswahl für die Rekrutierung« benutzen, »oder um Zugang zu Netzwerken oder Passwörtern zu gewinnen«. Die Wanze 2.0 saugt nicht mehr Blut, sondern Daten.

Wolf

Wenn man den Wolf nennt, kommt er gerennt. Dieses Sprichwort, das es schon im 14. Jahrhundert in der Form *sô man den wolf nennet, sô er zuo drenget* gibt, ist heute halbvergessen und wird, wenn überhaupt noch, ironisch gebraucht, ähnlich wie das gleichbedeutende *Wenn man vom Teufel spricht …* Beides bezeichnet das unerwartete Auftauchen eines gerade erwähnten Menschen. In den alten Zeiten, als die Wölfe noch ein allgegenwärtiger Schrecken waren, verband sich mit dem Namen des Wolfes eine ganz konkrete Furcht und man nannte ihn lieber gar nicht erst: Wenn man ihn nicht mit einem Personennamen belegte wie *Hennicke* im Westfälischen, *Guillem* in der Bretagne oder *Hans* in Ostpreußen, dann nahm man lieber einen Euphemismus wie *Ki-nos* oder *Ki-du*, die im Frankokeltischen aus *chien de nuit* oder *chien* entstanden sind, oder *Waldhund*, *chien de bois* und irisch *cú allaid* »wilder Hund«. Eine andere große Gruppe solcher Tabunamen lehnt sich an seine äußerliche Erscheinung an, sie reicht vom alten skandinavischen *grâben* »Graubein«, über das estnische *halkuub* »Graurock« und das deutsche *der Graue* oder *Grauhund* bis zum französischen *quette / patte grise*.

Wölfe sind schon in der germanischen Mythologie Boten des Weltuntergangs. Der gefesselte Fenriswolf wird sich am Ende aller Zeiten losreißen und sogar Odin und die Sonne verschlingen. In Osteuropa und Schweden existiert eine alte Sagengruppe, in der der Leib des Wolfes vom Teufel geschaffen wird. Der kann ihn allerdings nicht beleben und benötigt dafür die Hilfe Gottes oder Jesu Christi. Weil der Teufel ihn schuf und im Namen Gottes belebte, weiß der Wolf noch heute nicht, ob er zu Gott oder dem Satan halten soll. Angeblich geht der steife Rücken des Wolfes, der tatsächlich ziemlich unelastisch ist, darauf zurück, dass der Teufel ihn aus Zaunstecken gebildet hat. Das Legendengeflecht um dieses gefürchtete und früher fast überall gegenwärtige Raubtier ist in Europa unübersehbar. Kapellen und Denksäulen, die zum Dank für die Errettung von Kindern, Reisenden, Mönchen, Bauern oder Jägern vor Wölfen errichtet wurden, waren einst weitverbreitet.

Ob es den Geretteten womöglich half, *mit den Wölfen zu heulen*? Die Redensart, die besagt, dass sich jemand mit seinen Äußerungen und Handlungen nach der schlechten Gesellschaft richtet, in der er sich befindet, ist seit spätmittelhochdeutscher Zeit, also seit dem 13. Jahrhundert, gängig. Diese Art von Notwehr mag in den brutalen Zeiten des Mittelalters noch gerechtfertigter gewesen sein als heute. Deshalb kann sie sogar ein Prediger wie Geiler von Kayersberg als Maxime empfehlen: »Mit den Wölfen muoß man hülen.«

Dass der Mensch ein gefährlicheres Raubtier als der Wolf ist, wusste man schon in der Antike. Der Spruch *Der Mensch ist des Menschen Wolf* geht zurück auf den römischen Dramatiker Plautus, der in seiner Komödie »Asinaria« (»Eseleien«) einen Kaufmann zum Sklaven Leonida sagen lässt: »Lupus est homo homini, non homo, quom qualis sit non novit.« (»Ein Wolf ist der Mensch dem Menschen, kein Mensch, wenn man sich nicht kennt.«) Heute wird der Spruch eher mit dem englischen Staatstheoretiker Thomas Hobbes verbunden, der ihn in der Widmung seines Werkes »De Cive« leicht umgestellt verwendete: »Homo homini lupus.« Gern wird übersehen, dass sich Hobbes' pessimistisches Bonmot auf das Verhältnis von Staaten bezieht, nicht von Menschen.

Wenn der wölfische Mensch sich tarnt, dann spricht man von einem *Wolf im Schafspelz*. Die Redensart geht zurück auf das im Matthäus-Evangelium 7,15 überlieferte Jesus-Wort: »Seht euch vor, vor den falschen Propheten, die in Schafskleidern zu euch kommen, inwendig sind sie aber reißende Wölfe.« Der bildhafte Spruch liegt schon im frühen 9. Jahrhundert in Evangelienharmonien wie der Tatian-Übersetzung oder dem Werk Otfrids auf Althochdeutsch vor, und man darf davon ausgehen, dass er – wie etwa auch das Vaterunser – zu den Stellen der Bibel gehört, die auf Deutsch längst allgemein bekannt waren, bevor sich gedruckte Bibeln in der Volkssprache verbreiteten. Im 16. Jahrhundert reimt Burkard Waldis: »Wan der wulf will roven gan / So tut er schapes kleder an.«

Der Hunger des Wolfes war schon bei den Griechen und Römern sprichwörtlich. Gieremund heißt die Frau des Wolfs im »Reineke Fuchs«. Bei den Franzosen hat man heute noch einen *faim de loup*. Der älteste Beleg für das deutsche Wort *Wolfshunger* stammt aus dem Jahre 1610 und steht in einem Buch mit dem unschlagbar zugkräftigen Titel »Die Grewel der Verwüstung Menschlichen Geschlechts«. *Wolfshunger* zu haben war damals noch nicht so harmlos redensartlich wie heute, sondern es war eine göttliche Strafe für eine moralische Verfehlung. Ich habe eine Predigtsammlung des Balthasar Knellinger von 1685 gefunden, in der es vom König Herodes heißt, er sei nach dem Kindermord zu Bethlehem mit rasender Hitze und *Wolfs-Hunger* gestraft worden. 1691 nimmt Caspar Stieler das Wort dann in sein Wörterbuch auf und erklärt es mit dem lateinischen Begriff *bulimia*.

Bis ins 19. Jahrhundert hinein scheint der Ausdruck auch als medizinischer Fachbegriff gebräuchlich gewesen zu sein. 1791 wird in der »Medicinisch-chirurgischen Zeitung« ein in Mailand erschienenes Werk von Giovanni Battista Borsieri rezensiert, einem Arzt, der Erscheinungsformen pathologischen Hungers genauer unterscheidet als der Dichter Stieler ein Jahrhundert zuvor: »Der Verf. unterscheidet 3 Arten von übergroßem Appetit. Die erste ist die Cynorexia, der Hundshunger, wenn der Mensch viel ißt, aber auch immer das Genossene durch ein Erbrechen wieder von sich gibt. Die zweite Lucorexia, Wolfshunger, wenn das Genossene durch die natürliche (sic!) Wege gleich wieder weggeht. Die Dritte, Bulimus, der Heißhunger, wenn auf einen übergroßen Appetit, der nicht befriedigt wird, gleich Ohnmachten folgen.« Ähnlich erklärt es der österreichische Mediziner Johann v. Raimann 1817 im »Handbuch der speciellen medicinischen

Pathologie und Therapie«: »Der Heißhunger kann durch öftere Ohnmachten, der Hundshunger durch Erbrechen, der *Wolfshunger* durch Speisendurchfall, Cachexie, Auszehrung gefährlich und tödtlich werden.«

Aus der Welt der Medizin stammt auch die Redensart *sich einen Wolf laufen / arbeiten* etc. im Sinne von »etwas Sinnloses allzu lange und ausgiebig tun müssen«. Das geht darauf zurück, dass Wolf, wie lateinisch Lupus und französisch loup, schon seit dem Mittelalter verschiedene Hauterkrankungen bezeichnen kann, vor allem Lupus vulgaris und Intertrigo, früher wohl auch Herpes und Hautkrebs. Da dies sehr unangenehme Plagen sind, spricht man heute lieber verdeutlichend vom Hautwolf, um diese Krankheiten nicht durch Nähe zum Umgangssprachlichen zu verharmlosen.

Ebenfalls schon im Mittelalter konnte *Wolf* auch ein Werkzeug zum Erz- und Steinbrechen meinen. Natürlich dachte man dabei an die spitzen Zähne des Tieres, die schier alles zerreißen und zerfleischen konnten. Aus ähnlichen Motiven nannte man in der zweiten Hälfte des 19. Jahrhunderts die damals aufkommenden Geräte zur Herstellung von Wurstmasse und Mett *Fleischwolf*. In der »Wiener Morgenpost« vom 5. Juni 1885 muss das Wort noch in Klammern erklärt werden: »Zerkleinerungsmaschine für das Fleisch«. Von dort hat sich dann die Wendung *jemanden durch den Wolf / Fleischwolf drehen* »jemandem arg zusetzen« entwickelt.

Der *Reißwolf* war zunächst ein Gerät zur Verarbeitung von Baumwolle oder Rohschafwolle, aber auch zum Schreddern von Lumpen. Am 1. August desselben Jahres erfährt man in der »Deutschen Allgemeinen Zeitung« aus Leipzig, dass ein »Gehülfe beim Reißwolf und der Schlagmaschine« in der baumwollverarbeitenden Industrie Preußens pro dreizehnstündigem Arbeitstag 19 Kreuzer Löhnung bekommt. Später wurden dann auch Maschinen zum Häckseln von Torf oder zum Zerkleinern von Weintrauben so genannt. Der elektrische Aktenvernichter, den wir heute mit dem Wort *Reißwolf* bezeichnen, ist erst nach 1945 in diese spezielle Wolfsfamilie aufgenommen worden.

Es gibt noch viel mehr Redensarten, in denen Wölfe vorkommen. Die meisten sind aus der Sprache verschwunden, als die Tiere in Deutschland ausgerottet wurden. Vielleicht erleben manche von ihnen jetzt, wo vor den Toren Berlins Menschen am Morgen ihre Haustiere wieder mit durchgebissener Kehle finden, eine Renaissance. Ich will mir aber keinen Wolf schreiben und lasse es hiermit erst einmal gut sein.

Wurm

Das Wort *Wurm* bezeichnet recht unterschiedliche Lebewesen, die vor allem eines gemein haben: Sie sind Wirbellose. Weil ein festes Rückgrat und ein aufrechter Gang schon lange als körperliches Anzeichen einer wackeren Gesinnung gelten, überrascht es nicht, dass würdelose Kriecher, Giftspritzer, Heuchler und Intriganten mindestens seit dem 16. Jahrhundert als *Wurm* beschimpft wurden – oder auch als *Worm*, denn die Form mit u hat sich in der deutschen Standardsprache erst durch den normierenden Einfluss der Bibelübersetzung Martin Luthers durchgesetzt. *Wurm* war (in noch schwankender Schreibweise) eins seiner Lieblingsschimpfwörter. Den Juden sagte er nach: »Sie hielten jhn (Christus) für den schedlichsten worm, so ihe auff erden komen were.« Der wohl berühmteste Vertreter solcher menschlichen Würmer ist der intrigante Sekretär Wurm in Schillers Jugenddrama »Kabale und Liebe«.

Auf der anderen Seite konnte *Wurm* auch bei Luther und anderswo in der religiösen Literatur den Gott völlig ausgelieferten Menschen in seiner Niedrigkeit meinen. Über seine Stellung gegenüber den heiligen Vätern bemerkt Luther in seinen Tischreden: »Gegen ihnen gehalten, bin ich (Luther) ein wörmlein und nichts anzusehen.« Der Wurm als Sinnbild der Schutzlosigkeit liegt auch der Formulierung *der arme Wurm* zugrunde, mit der wehrlose Menschen bezeichnet werden. Zur Unterscheidung vom Tier oder vom Intriganten wird *Wurm*, wenn es unschuldige Menschen und im Besonderen kleine Kinder bezeichnet, oft als Neutrum gebraucht. In Heinrich von Kleists frühem Drama »Die Familie Schroffenstein« sagt Barnabe: »Wir suchten Kräuter am Waldstrom im Gebirg', da schleifte uns das Wasser ein ertrunken Kind ans Ufer. Wir zogen's drauf heraus, bemühten viel uns um das arme Wurm; vergebens, es blieb tot.«

In der älteren Sprache konnte *Wurm* jedes kriechende Lebewesen meinen, inklusive Insekten (heute sagen wir noch *Glühwürmchen*), Larven, Krankheitserregern (dagegen sollten die vielen althochdeutschen Wurmsegen helfen), Raupen, Käfern, Schlangen, Fröschen, Schildkröten und vor allem Maden. An diese ist zu denken, wenn es in unzähligen Memento-mori-Texten der frühen Neuzeit heißt, der Mensch ende als *Würmerspeise*, beispielsweise bei Ludwig Hollonius in seiner Schrift »Somnium Vitae« (»Traum des Lebens«) 1605: »Da vnten in der finstern Erdn, müszt jhr der Würme speise werdn.«

In mittelhochdeutschen Bibeltexten wird die Schlange im Paradies *Wurm* genannt. Heute kennen wir höchstens noch den *Lindwurm*. *Lint/lind* war ein schon im Althochdeutschen selten gewordenes Wort für *Schlange*. Als es nicht mehr verstanden wurde, setzte man *wurm* als Verdeutlichung dahinter, aber man meinte *Drachen* – Sprachgeschichte ist manchmal ganz schön kompliziert.

Wurm nennt man auch den Getreidekapuziner, eine Unterart der Bohrkäfer, die die fatale Eigenschaft haben, nicht bloß Holz, sondern auch Bücher fressend zu durchlöchern. Von dort ist der Begriff *Bücherwurm* auf einen Menschen übertragen worden, der sehr viel liest. Oft wird es mit dem Vorwurf der Weltfremdheit verbunden. Der Barockdichter Christian Hoffmann von Hoffmannswaldau spielte Ende des 16. Jahrhunderts noch mit dem Doppelsinn des Wortes in seiner übertragenen und konkreten Bedeutung: »Dein ansehn, glaube mir, verdient mit besserm recht, / Es, da man alles lobt, nicht gäntzlich zu vergessen, / Als mancher bücher-wurm und sylben-krämer-knecht, / Hätt' er den Cicero gleich biß aufs holtz gefressen.«

Eher an den Wurm im Apfel dachte der große Physiker John Archibald Wheeler, als er Mitte der fünfziger Jahre Tunnel durch Raum und Zeit, durch die Materie theoretisch wie durch eine Abkürzung gewaltige Entfernungen überwinden könnte, als *wormholes* bezeichnete. Vorher war für solche Phänomene schon der Terminus *Einstein-Rosen-Brücke* im Umlauf. 1935 hatten Albert Einstein und sein Assistent Nathan Rosen sie zum ersten Mal in einem Aufsatz als theoretisch möglich beschrieben. Wheeler, der übrigens auch den Begriff *schwarzes Loch* geprägt hat, stellte sich dabei einen Wurm vor, der sich durch den u-förmig gekrümmten Raum von der einen Seite zur anderen wie entlang eines

Apfelstiels durchfrisst, statt mühselig auf der Oberfläche rumzukriechen.

Als Zeitpunkt, zu dem Wheeler den Begriff *wormhole* etablierte, wird üblicherweise 1957 genannt, weil er in diesem Jahr gemeinsam mit Charles W. Misner einen entsprechenden Aufsatz im Journal »Annals of Physics« veröffentlichte. Doch wurde *Wurmloch* als Fachbegriff der theoretischen Physik schon 1956 durch den in Göttingen studierenden Amerikaner William R. Davis mit seiner Doktorarbeit »Kritik einheitlicher Feldtheorien« in die deutsche Sprache eingeführt und als Erfindung Wheelers bezeichnet. Der Ausdruck muss also in amerikanischen Physikerkreisen schon vor der Veröffentlichung des genannten Aufsatzes gebräuchlich gewesen sein. Aber erst in den neunziger Jahren wurden Wurmlöcher durch die Science-Fiction populär gemacht. Heute kann sich darunter jeder zumindest vage etwas vorstellen.

Seit dem 17. Jahrhundert konnte *Wurm* auch das bezeichnen, was wir heute eher als *Macke*, *Marotte*, *Schrulle*, *Laune* oder *Grille* bezeichnen. Dieser Wurm war bisweilen bösartig. In Grimmelshausens »Courasche« heißt es über die Wirkung eines Zaubermittels: »So bald er solches hatte, bekam er Würm über Würm im Kopff; wann er nur einen Kerl ansahe, der ihme sein Tage niemahl nichts Leids gethan, so hätte er ihn gleich an Hals schlagen mögen.« Meist war damit aber eher eine harmlose fixe Idee gemeint. Von da kommt das Verb *wurmen* in Sätzen wie *Es wurmt ihn.* Das Grimm'sche Wörterbuch schiebt die Verantwortung für das Wort (in der dort üblichen Kleinschreibung) einem ganz Großen in die Schuhe: »in diesem sinne seit den siebziger jahren des 18. jhs. durchgehend bezeugt. vielleicht durch frühschriften Goethes (Werther, Stella) in die literatursprache eingeführt, jedenfalls erst durch sie allgemein verbreitet. der gebrauch schwillt noch in den letzten jahrzehnten des 18. jhs. stark (zunächst geradezu modewortartig) an.«

Vielleicht geht der *Ohrwurm* als Bezeichnung für ein Lied, das man nicht aus dem Kopf bekommt, eher auf diese psychologische Bedeutung von *Wurm* und *wurmen* zurück als auf das Insekt gleichen Namens, dem man nachsagt, ins Ohr von Schlafenden zu kriechen. Möglicherweise vermischen sich auch beide Vorstellungen in jenem Begriff, der mindestens seit den sechziger Jahren nachweisbar ist. Da zitiert der »Spiegel« den Tenor Alfredo di Stefano über das Lied »Darling«, das die Schauspielerin Elke Sommer für einen seiner Musicalauftritte im Berliner Theater des Westens geschrieben hatte: »Di Stefano, der während der Fernsehaufnahme vom 16 Musiker zählenden SFB-Orchester begleitet wurde, über Elke Sommers Lied: ›Das ist ein richtiger Ohrwurm.‹«

Wie der Ausdruck *Ohrwurm* vermutlich erst mit der Kulturindustrie und dem Schlager entstand, so ist auch *Bandwurmsatz* recht neu. Der Begriff, in dem die sagenhafte Länge des Darmparasiten zur Verunglimpfung komplizierter Hypotaxen herhalten muss, entstand wohl erst, als man sich lang dahinschwingende Satzgebilde, wie sie Thomas Mann oder Marcel Proust meisterhaft schufen, im Zuge der Nachkriegsmoderne und unter dem Einfluss des hemingwayschen Kurzgeschichtenstils als unmodern zu empfinden begann. Das Antiquierte dieses Stils konnte man sich aber dann gerade in der Reklame zunutze machen. 1962 schreibt die »Zeit« über Erich Wohlfart, der in der Nachkriegszeit die legendäre und lange dem gleichen Stil treu gebliebene Werbung für den Weinbrand Asbach Uralt verantwortete: »Seine Spezialität waren ›Bandwurmsätze‹, mit denen er den sorgsam gehüteten ›Urkunden-Stil‹ der Asbach-Werbung unterstrich.«

Als Bandwürmer und andere Körperparasiten noch ganz alltäglich waren, entstand die Redensart *einem die Würmer aus der Nase ziehen* »jemanden aushorchen, ein Geheimnis entlocken«. In Kramers deutsch-italienischem Lexikon ist sie 1702 erstmals bezeugt und wird übersetzt: *Scorgere i secreti dalla bocca d'un goffo.* Zugrunde liegt ihr die oben erwähnte Vorstellung, Würmer seien für alle möglichen Krankheiten verantwortlich. Diesen Aberglauben machten sich *Wurmschneider* genannte Quacksalber auf Jahrmärkten zunutze, die Kopfschmerzpatienten, Epileptikern oder Geisteskranken mit ihren Instrumenten in der Nase bohrten und dann scheinbar einen im Ärmel versteckten Wurm aus dem Gehirn zogen. Der Spruch hat es in Goethes »Faust« zu literarischer Unsterblichkeit gebracht. Dort prahlt Frosch in Auerbachs Keller: »Bei einem vollen Glase / Zieh ich wie einen Kinderzahn / Den Burschen leicht die Würmer aus der Nase.«

Zebra

Für Laien ist manchmal schwer durchschaubar, warum manche exotische Tiere in Europa schon in der Antike unter ihren heutigen Namen bekannt waren und andere erst seit den Entdeckungsreisen der frühen Neuzeit. Obwohl das Zebra bis zur Römerzeit auch in Nordafrika verbreitet gewesen sein soll und einige legendenhafte Erwähnungen darauf hinweisen, dass einzelne Tiere nach Rom gelangt sind, wussten frühestens die Spanier und Portugiesen im 16. Jahrhundert Genaueres über die Zebras. Die Tiere, die sie in Afrika sahen, erinnerten sie an die *zebro*, *enzebra*, *encebr* oder *encebro* genannten Huftiere ihrer Heimat, die dort bis mindestens 1450 bezeugt sind und danach vermutlich im 16. Jahrhundert ausgerottet wurden – ihr Fleisch galt als Kostbarkeit. Allgemein wird heute angenommen, dass es sich dabei um Wildesel handelte. Es gibt auch gut begründete Spekulationen, wonach jene *zebros* identisch mit den Sorraias waren, einer Rasse von verwilderten Hauspferden mit oft auffälligen Streifen am Rücken und an den Beinen, deren letzte kleine überlebende Population erst Anfang der zwanziger Jahre des vorigen Jahrhunderts wiederentdeckt wurde. Der portugiesische Zoologe und Hippologe Ruy d'Andrade begründete aus diesen wenigen Exemplaren eine Zucht, von der alle heutigen Sorraias abstammen. D'Andrade stellte auch die Theorie auf, dass die Ähnlichkeit mit den Sorraias der Grund für die Benennung der afrikanischen Zebras gewesen sein könnte. Er schreibt, dass 1578 erstmals ein Mann aus dem portugiesischen Benavente die afrikanischen Wildpferde mit den charakteristischen Streifen, die er im Kongo sah, *Zebras* taufte.

Lange hat man deshalb geglaubt, das Wort *Zebra* stamme aus einer afrikanischen Sprache des Kongos oder eines noch weiter südlich gelegenen Landes: In Paul Heyses »Fremdwörterbuch« von 1890 wird der Name des Tieres als »südafrikanisch« angegeben. Die iberischen *zebros* oder *enzebras* waren einfach in Vergessenheit geraten, obwohl es auf der Iberischen Halbinsel noch Orte gibt, die beispielsweise *Vale de zebro* (»Zebratal«) heißen. Spanisch *encebra* geht wahrscheinlich über die vulgärlateinische Zwischenstufe *eciferus* auf das lateinische *equifer* und spätlateinisch *equiferus* zurück, eine Zusammenziehung aus *equus* »Pferd« und *ferus* »wild«.

Das Zebra war, wie angedeutet, schon den Römern bekannt, aber genau wie der Tiger oder das Nilpferd geriet es nach der Antike ein Jahrtausend lang in Vergessenheit – sogar noch gründlicher als die beiden anderen Tierrassen, weil es seltener war und in den römischen Quellen nur sehr sporadisch erwähnt wird. Das durchaus seriöse »Buch der antiken Rekorde« nennt es »das seltenste Tier in Rom«. Der

Geschichtsschreiber Cassius Dio berichtet im 76. Kapitel seines Werkes, dass Plautian, der Prätorianerprefekt des Kaisers Septimus Severus, der von 193 bis 211 n. Chr. herrschte, tigergestreifte heilige Pferde, die dem Sonnengott gewidmet waren, auf einer Insel im Roten Meer durch seine Zenturionen habe stehlen lassen. Allgemein wird angenommen, dass es sich bei diesen Sonnenpferden um Zebras handelte. Die Tiere wurden in Rom gezeigt. Möglicherweise sind es die gleichen, die unter der Regierung von Severus' Nachfolger Kaiser Caracalla im Zirkus getötet wurden.

Im Deutschen ist das Zebra seit 1670 nachweisbar. Da taucht es im Buch »Umbständliche und eigentliche Beschreibung von Africa« des holländischen Arztes und Naturforschers Olfert Dappert auf, das 1668 zunächst auf Niederländisch erschienen und dann offenbar rasch übersetzt wurde. Dappert war selbst nie in Afrika, hatte aber alles gesammelt, was jesuitische Missionare und holländische Entdecker von dort zu berichten wussten. Sein Buch gilt als Grundlagenwerk europäischer Afrika-Erkundung. Es heißt darin über den Kongo, den er zu »Nieder-Ethiopien« rechnet (Äthiopien war damals auch eine gängige Bezeichnung für ganz Afrika): »Man findet allhier eine sonderlichen Gattung der Pferde, welche die Einwohner Azebro oder Zebra nennen, dergestalt nach einem Maulesel gleich, mit einem gestreiften Felle, das wie ein Tigerfel vor dem Kopfe aussiehet, und über den gantzen Leib mit schwarzer, weisser und röthlich-blauer Farbe bemahlet ist.«

Häufiger wird das Zebra in deutschen Schriften aber erst

seit Mitte des 18. Jahrhunderts erwähnt. Achtzig Jahre später ist es schon so bekannt, dass Heinrich Heine es für allerhand abfällige Vergleiche nutzen kann, u. a. für die gestreiften preußischen Grenzpfähle. Das auch bei der protofeministischen Schriftstellerin Caroline Auguste Fischer (1764–1842) vorkommende Adjektiv *zebraisch* für die Färbung des Zebrafells wandelt Heine ab zu *zebräisch*, um es auf *hebräisch* reimen zu können. In seinem Gedicht »Die Wahl-Esel« wirft ein Esel dem Pferd, das zum Regenten der Republik der Tiere gekürt werden möchte, vor: »Du stammst vom Zebra vielleicht, die Haut / Sie ist gestreift zebräisch; / Auch deiner Stimme näselnder Laut / Klingt ziemlich ägyptisch-hebräisch.«

Häufiger als alle echten Zebras in Zoos, Polemik und Poesie ist heute der *Zebrastreifen*, der 1952 nach englischem Vorbild in Deutschland eingeführt wurde und zunächst in penibel-komischem Amtsdeutsch *Dickstrichkette* hieß. Seit Mitte der fünfziger Jahre, als solche *Fußgängerüberwege* (so die offizielle Bezeichnung) sich allmählich verbreiteten, setzte sich dann in der Umgangssprache *Zebrastreifen* durch, das eine Lehnbildung nach dem englischen *zebra crossing* ist. In England existiert das Wort seit 1949, obwohl die ersten tausend in diesem Jahr angelegten Fußgängerüberwege blau und gelb gestreift waren. Ungern stellt man sich vor, wie grell das Plattencover der letzten Beatles-Langspielplatte »Abbey Road« von 1969 ausgesehen hätte, wenn es dabei geblieben wäre.

Zicke

Bis zur Niederschrift dieses Buches war ich fast hundertprozentig sicher, die »Bild«-Zeitung habe das Wort *Zickenkrieg* erfunden – so wie *Terrorscheich* oder *Boxenluder.* Wie die meisten anderen Menschen auch habe ich es zum ersten Mal gelesen, als sich Anfang 2002 vor und während der Winterolympiade in Salt Lake City die Eisschnellläuferinnen Annie Friesinger und Claudia Pechstein mit psychologischen Scharmützeln zu zermürben versuchten. Wahlweise war auch von *Zickenduell* oder vom *Zickenzoff* die Rede. Ich glaubte, diese Wörter seien den kreativen Hirnen von Schlagzeilenmachern des Boulevard entsprungen.

Wie überrascht war ich, als ich herausfand, dass vom *Zickenkrieg* schon vorher die Rede war, und zwar in der »Zeit«: Dort wurde der Konflikt zwischen der Feministin Alice Schwarzer und einer Frau namens Verona Feldbusch, die in den neunziger Jahren als Werbefigur und Partnerin des Musikproduzenten Dieter Bohlen mal ziemlich bekannt gewesen war, schon im Juli 2001 als *Zickenkrieg* bezeichnet. Das Wort muss also schon im Umlauf gewesen sein, bevor die »Bild«-Leute ihm zu seinem Starruhm verhalfen.

Mittlerweile ist es aus der deutschen Sprache nicht mehr wegzudenken. Die Zahl der erfassten Belege im Deutschen Referenzkorpus, einer Onlinedatenbank zur deutschen Sprache, die vornehmlich Zeitungen auswertet, ist in den nuller Jahren jährlich gewachsen.

Das Wort *Zicke* war ursprünglich eine Bezeichnung für eine junge Ziege, vor allem in den Dialekten des ostmitteldeutschen Raums. Häufiger noch ist das Wort *Zicklein*, das u. a. im Märchen »Einäuglein, Zweiäuglein und Dreiäuglein« vorkommt. Dort besitzt das zweiäugige Kind eine wundertätige Ziege, die es mit den feinsten Speisen versorgt, wenn es den Spruch »Zicklein, meck, Tischlein, deck!« sagt. Es existierte schon mittelhochdeutsch als *zickelîn*, aber gegen Ende des 18. Jahrhunderts wird es zum beliebten Literaturwort, das außer bei den Grimms auch bei Rückert, Uhland, Storm, Chamisso, Brentano und vielen anderen Schriftstellern auftaucht.

Als Schimpfwort für eine Frau lässt sich *Zicke* seit dem 19. Jahrhundert nachweisen, als zum ersten Male in größerer Menge Wörterbücher regionaler Umgangssprachen und Mundarten geschrieben werden. Es bezeichnet ein besonders dürres Mädchen, eine Rothaarige, dann 1881 in Karl Albrechts Idiotikon »Die Leipziger Mundart« allgemein eine »unangenehme Frau« mit einem schwierigen widerspenstigen Charakter oder mit einer Neigung zum Hochmut. Die Bedeutung ist heute in der Umgangssprache die einzige verbliebene. Kein Mensch mehr nennt eine Ziege *Zicke*, so heißen heute nur noch Frauen. Obwohl – immerhin kannte die Jugendsprache der frühen sechziger Jahre noch den Ausdruck *Zickendraht*, der in einem von der Zeitschrift »Twen« herausgegebenen Wörterbuch wie folgt definiert wird: »Alberner Junge, der bei keinem rechten Jungenstreich mitmacht«.

Einen ganz anderen Ursprung hat möglicherweise die Redensart *Zicken machen* »sich schwierig und unberechenbar benehmen«. Die Wissenschaftler sind sich einig, dass das eher nichts mit dem Verhalten von Ziegen zu tun hat. Woher es allerdings kommt, darüber sind sie sich weniger einig. Manche führen es auf das Mundartwort *Zick* zurück, das einen leichten Schlag im Kinderspiel bezeichnet. Dazu existierte einst das Verb *zicken*, das »treffen« bedeutet; man konnte sagen: *die Kugel zickt den Kegel.* Weil *zicken* auch »verderben« in Bezug auf Getränke meinen konnte, hat man es vielleicht auf die verdorbenen Launen von Menschen übertragen. Im »Etymologischen Wörterbuch der in Oberdeutschland vorzüglich in Österreich gängigen Mundart«, das der Benediktiner Matthias Höfer 1815 veröffentlicht hat, wird *der Mensch zickt* mit »lässt Anzeichen von Narrheit merken« übersetzt. Andere nehmen an, dass *Zicken machen* aus dem Schlesischen kommt, wo *Zicke* einen dummen Streich bezeichnet. Vielleicht ist es auch eine Kurzform von *Zickzackwege machen.* Sicher ist allerdings, dass es sich im Sprachbewusstsein schon lange mit der *Zicke* und ihren Launen verbunden hat.

Auch *zickig* oder *zickicht* erscheint zunächst in der Bedeutung »verdorben, versäuert« von Wein. An die *Zicke* ist es erst im 20. Jahrhundert angelehnt worden. Im erwähnten Wörterbuch der Jugendsprache wird es in den frühen sechziger Jahren so erklärt: »geziertes Benehmen, das von echten Jungen und Mädchen abgelehnt wird«. Im Jargon der deutschen Jazzer der Nachkriegszeit wurde es übrigens auch als Übersetzung von *corny* benutzt, mit dem im Englischen die unechte, sehr weiße, sehr schnulzige Spielweise von Musikern bezeichnet wird, die Jazz nur imitieren. Diese vergessene musikalische Bedeutung von *zickig* ist gemeint, wenn es in dem Roman »Der Weg nach Oobliadooh« des DDR-Schriftstellers Fritz Rudolf Fries 1966 über eine Tanzkapelle heißt: »Da hatte man den Blues schnell zickig aufgeschnulzt, jeder griff sich ein Mädchen.«

Die schlimmste Erscheinungsform der Zicke, die *Zimtzicke*, ist ziemlich sicher ein Produkt der Berliner Schnauze. Der älteste auffindbare Beleg stammt aus dem 1953 erschienenen Unterhaltungsroman »Der Apfel fällt nicht weit vom Stamm« von Margarete Slezak, wo eine Frau über ihren Gefährten klagt: »Will sich heimlich in deiner Wohnung treffen mit der ollen *Zimtzicke*, der doofen Ulrike. Un mir schwindelt der Jauner vor, er muß vareisen!« 1956 steht es dann in dem Familienroman »Notopfer Berlin«, und auch die Berliner Mundartwörterbücher reklamieren es immer wieder für die Hauptstadt. Was am Zimt, diesem Gewürz, das bei den meisten Menschen rührselige Erinnerungen an Weihnachtsgebäck, Kinderzeit und Romantik unterm Tannenbaum hervorruft, so verachtenswert sein soll, erklären sie nicht. Einen Hinweis findet man einzig in Walter

Meyers Buch »Der richtige Berliner in Wörtern und Redensart« von 1904, demnach bedeutete Zimt im Berlinischen der Zeit so viel wie »Klimbim, Unsinn«. Noch besser passen zur *Zimtzicke* die bei Albrecht bezeugten Leipziger Redensarten *zimmtich machen* oder *sich zimmtich anstellen* – gemeint war »züchtig, zeremoniös, prüde oder übertrieben zärtlich tun«. *Zimmtich* ist hier ganz offensichtlich nichts weiter als eine mundartliche Verschleifung von *zimperlich*. Der Zimt ist also unschuldig.

Literatur (Auswahl)

Adelung, Johann Christoph: Grammatisch-kritisches Wörterbuch der Hochdeutschen Mundart mit beständiger Vergleichung der übrigen Mundarten, besonders aber der oberdeutschen. Zweyte, vermehrte und verbesserte Ausgabe. Leipzig 1793–1801. Zitiert nach der von der Universität Trier herausgegebenen Online-Version: woerterbuchnetz.de/Adelung/

ANNO. Austrian Newspapers Online. Von der österreichischen Nationalbibliothek zur Verfügung gestelltes Korpus österreichischer Zeitungen von 1689 bis 1947: anno.onb.ac.at

Bei der Wieden, Brage: Mensch und Schwan. Kulturhistorische Perspektiven zur Wahrnehmung von Tieren. Bielefeld 2014

Deutsches Rechtswörterbuch. Wörterbuch der älteren deutschen Rechtssprache. 12 Bde.: Aachenfahrt bis Spielzettel. Herausgegeben von der Preußische Akademie der Wissenschaften, Deutschen Akademie der Wissenschaften der DDR, Heidelberger Akademie der Wissenschaften. Berlin, Heidelberg 1912–2013. Zitiert nach der Onlinefasssung: http://drw-www.adw.uni-heidelberg.de/drw-cgi/zeige

Deutsches Textarchiv. Herausgegeben von der Berlin-Brandenburgischen Akademie der Wissenschaften: http://www.deutschestextarchiv.de

Digitales Wörterbuch der Deutschen Sprache. Herausgegeben von der Berlin-Brandenburgischen Akademie der Wissenschaften. https://www.dwds.de/

Dröscher, Vitus B.: Mit den Wölfen heulen. ›Fabelhafte‹ Spruchweisheiten aus dem Tierreich. Düsseldorf, Wien 1978

Ders.: Sie turtelten wie die Tauben. Hamburg 1988

Google Books: https://books.google.de

Grimm, Jacob und Wilhelm et al.: Deutsches Wörterbuch. 16 Bde. in 32 Teilbänden. Leipzig 1854–1961. Zitiert nach der von den Wissenschaftsakademien Berlin-Brandenburg und Göttingen betreuten Online-Ausgabe

Haarmann, Harald: Auf den Spuren der Indogermanen. München 2016

Heckmann, Wilhelm Georg: … des Pudels Kern. Plaudereien über »Tierisches« in unserer Sprache – von aalglatt bis Zwiebelfisch. 2. Auflage, Münster 1987

Hoffmann-Krayer, Eduard, und Bächtold-Stäubli, Hanns (Hgg.): Handwörterbuch des deutschen Aberglaubens. 10 Bde. Berlin 1927–42 (Reprint 2006)

Krüger-Lorenzen: Deutsche Redensarten und was dahinter steckt. Ungekürzte Sonderausgabe in einem Band. Wiesbaden 1978

Pechuel-Loesche, Eduard: Brehms Tierleben. 3. Auflage, Leipzig und Wien 1890–93

Röhrich, Lutz (Hg.): Lexikon der sprichwörtlichen Redensarten. 5 Bde. Freiburg 1999 (zuerst 1973)

Projekt Gutenberg: http://gutenberg.spiegel.de/

Solf, Michael: Eine Miszelle zum Eintrag Drohne im DWDS. In: Im Zentrum Sprache, 15. Dezember 2017, https://sprache.hypotheses.org/731 (Abgerufen am 21. Mai 2018)

Zeno.org: http://www.zeno.org

Matthias Heine
Letzter Schultag in Kaiser-Wilhelmsland
Wie der Erste Weltkrieg die deutsche Sprache für immer veränderte
223 Seiten, gebunden
ISBN 978-3-455-00281-2
Hoffmann und Campe Verlag

Wie Frankfurter zum Hotdog wurden

Unsere Sprache ist lebendig und verändert sich ständig. So mögen manche die Anglizismen beklagen, die Einzug ins Deutsche halten. Der größte Einschnitt in die Entwicklung des Deutschen liegt jedoch schon eine Weile zurück: Der Erste Weltkrieg hat die deutsche Sprache in vielfältiger Hinsicht und bisher unbekannt großem Ausmaß für immer verändert. Hundert Jahre nach seinem Ende spürt Matthias Heine diesen weltweiten Folgen nach und entdeckt dabei Erstaunliches.

»Matthias Heine gelingt es, viele Sprach-Geschichten zu einem überzeugenden Panorama des Umbruchs zu verbinden.«
Deutschlandfunk Kultur

»Bunt, kurzweilig und informativ.«
Der Standard

Matthias Heine
Seit wann hat »geil« nichts mehr mit Sex zu tun?
367 Seiten, gebunden
ISBN 978-3-455-50369-2
Hoffmann und Campe Verlag

Wörter werden geboren, sie sterben, sie wandern ein, sie wandern aus, und ihre Bedeutung wandelt sich. Wörter machen Geschichte. Aber wer macht eigentlich die Wörter? Da wäre zum Beispiel der Hiwi, der sich nach kalten Zeiten an der Ostfront heute in deutschen Universitätsstuben wärmen darf. Der Hipster, der die Hautfarbe wechselte. Und der Rocker, der im Deutschen eine unerwartete Karriere als krimineller Motorradfahrer gemacht hat. Matthias Heine fahndet seit Jahren für *Die Welt* nach den schillerndsten deutschen Begriffen. Die besten Wort-Steckbriefe versammelt dieser Band und gibt außerdem Antwort auf die Fragen: Was ist das schwierigste Wort der deutschen Sprache? Warum haben wir seit Luther auf den Ausdruck Shitstorm gewartet? Ist Plattenbau ein westdeutscher Kampfbegriff? Und warum müssen wir uns für das global erfolgreichste deutsche Wort ewig schämen?

»Matthias Heine führt munter in die Zeit zurück,
als noch nicht Geiz sondern der Bock geil war.
So geht Heine 100 Wörter durch,
sehr pointiert und unterhaltsam.«
Der Freitag